AF234715

2. Auflage 2020

Rosmarie Loßberger

Bibliografische Information der Deutschen Nationalbibliothek:
Die Deutsche Nationalbibliothek verzeichnet diese Publikation in
der Deutschen Nationalbibliografie; detaillierte bibliografische
Daten sind im Internet über http://dnb.dnb.de abrufbar.

Lektorat: Eva Pant
Grafik, Layout u. Gestaltung: Eva Pant
Fotos: R. Loßberger

Herstellung und Verlag:
BoD – Books on Demand, Norderstedt

ISBN: 9783751990059

Rosmarie Loßberger

Der Reiz des Unbekannten

Reise-Erlebnisse vor Internet und Massentourismus

Ladakh, Nepal, Burma, Sulawesi,
Bali, Australien, Israel, Thailand

Meine Reisen
von 1978 bis 26. Dezember 2004

Widmung

Gewidmet meinem verstorbenen Mann,
Otto Loßberger (1935 – 2010),
mit dem ich all die schönen Reisen
unternommen habe.

Geschrieben für meine Kinder
Ina-Maria Westhoven, Dirk Westhoven,
Ulf Westhoven und seiner Frau Emily
und meinen Enkelkindern
Charlotte, Jasper und Max.

Inhaltsverzeichnis

Vorwort

Es ist der 1. Dezember 2013. Es ist noch dunkel draußen, und ich warte ungeduldig auf die aufgehende Sonne, die mich etwas aufmuntern sollte.

Meine Meniskusoperation, und die damit verbundene Inflexibilität, zwingt mich mein Zuhause zu genießen und einer sinnvollen Beschäftigung nachzugehen.

Was liegt da näher, als den Stift zur Hand zu nehmen, um die Reise-Abenteuer, die ich mit meinem Mann, Otto Loßberger, in der Zeit zwischen 1978 und 2004 erlebt habe, noch einmal Revue passieren zu lassen und die entstandenen Bilder in Worte zu fassen.

Einige ausgesuchte Niederschriften, reich an eindrücklichen Abenteuern, sind in diesem Buch zusammengefasst.

Koblenz, Dezember 2019

Trekken im Himalaya

Erster Teil - LADAKH

Der Begriff "Trekken im Himalaya" erweckte schon lange in uns eine Sehnsucht, noch bevor wir überhaupt daran dachten, es in die Tat umzusetzen. Nur in unserer Phantasie war der Wunsch, den Himalaya einmal kennenzulernen, nie wegzudenken. Dass dieses einmal real werden sollte, daran waren die Bücher nicht schuldlos, die uns eines Tages in die Hände fielen: *"Mit Edmund Hillary durch den Himalaya"* und *"Heinrich Harrer - Ladakh"*, der sieben Jahre in Tibet verweilte.

Nicht etwa, dass wir den höchsten Berg der Erde, den Mt. Everest, besteigen wollten; wir wollten nur ein bisschen teilhaben an dem, was dieser gewaltige Gebirgszug zu bieten hat, nämlich eine unvergleichliche Kombination von grandioser Natur und Völkervielfalt, von Religiosität und kultureller Eigenständigkeit.

Die *Sherpas, Gurkhas, Kashmiri, Ladakhi, Tibeter, Bhutaner, Nepali, Inder* und viele andere Völker und Stämme, die geprägt sind durch ihre vielfältigen Religionen: Hinduismus, Buddhismus, Lamaismus (*Tibet, Bhutan, Ladakh*) und dem Islam, der sich im Nordwesten des Himalaya ausgebreitet hat, tragen dazu bei, ein einzigartiges und interessantes Land zu sein.

Reisen in ferne Länder gehörte lange zu den Privilegien der Wohlhabenden und Couragierten, doch in unserer

2

Generation hatte sich das grundlegend geändert. Das Reisen war nun zu einer Massenbewegung geworden. Wir sollten uns beeilen, diesen Teil der Erde nicht mit vielen anderen Touristen teilen zu müssen; also packten wir's an.

Die Vorbereitungen waren nicht unerheblich, alles wollte gut bedacht sein, würden wir uns doch fünf Wochen lang in einer Höhe zwischen 1.500 und 5.500 Meter aufhalten. Uns stellte sich auch die Frage, was ist unserem Körper zuzumuten. Nicht nur die Höhenunterschiede, auch die Länge der Strecken, die in einer bestimmten Zeit bewältigt werden wollten, waren zu berücksichtigen. Von nichts hatten wir eine Ahnung. Wir wussten nur, dass dies eine große Herausforderung werden würde, die uns bis an unsere Grenzen bringen würde.

Wir gingen systematisch vor, wie wir bisher alle unsere Reisen angegangen waren. Wir wälzten Bücher und Karten bis wir fündig wurden. Das Travel- und Trekking-Handbuch für *Kaschmir*, *Zanskar* und Ladakh war das Richtige, denn wir hatten uns für L a d a k h entschieden.

Ladakh - Ich könnte es nicht besser beschreiben als mit den Worten von Heinrich Harrer, der dieses Land siebenmal bereist hat:

"Eilig sollte man es in Ladakh niemals haben, wenn man durch seine Täler reist. Die Sonne am Himmel ist dort die Uhr und die Tage gleichen den Karawanenstraßen,

die nirgends aufhören, soweit man blicken kann. Nur aus der Ruhe heraus lernt man dieses Land verstehen.

Ladakh ist so tausendfältig, dass man es nicht mit einer leichten Geste abtun kann. In den Seelen der Ladakhis steckt eine hohe, durch Jahrtausende vererbte Kultur, und selbst der ärmste Bauer gehorcht dieser Überlieferung."

Lange war *Ladakh* eine Provinz Tibets, und lange noch blickten sie nach ihrer Unabhängigkeit weiter nach *Lhasa*.

Ladakh, das sind Sandwüsten, fruchtbare Flusstäler, Hochalmen weit über der Baumgrenze, Städtchen aus Lehmhütten, saftige Oasen in düsterer Wildnis. *Ladakh*, das sind riesige Klöster, die an Berghängen kleben, das sind Manimauern, Stupas und Chörten. Und das sind die Menschen, in deren wie aus Holz geschnitzten Gesichtern sich die Sonne, der Wind, die kalten Winter bis zu minus 40 Grad C, die Entbehrungen und die Fröhlichkeit, die sich bei den vielen Festen entfaltet, und die starke Gläubigkeit widerspiegelt.

Doch um all das ungetrübt erleben zu können, mussten wir erst einmal dafür sorgen, dass der Körper gestählt wird und die Füße geeignetes Schuhwerk erhielten. Ein halbes Jahr vorher meldeten wir uns in einem Fitnessstudio an, in dem wir durch Übungen an Geräten unsere träge gewordenen Muskeln wieder zum Leben erwecken konnten.

Die Ausrüstung: Zelt, Schlafsäcke, Kochtöpfe, Gaskocher usw. waren besorgt. Und eines Tages saßen wir dann auf den im Wohnzimmer ausgebreiteten Sachen, noch einmal kontrollierend, ob alles vorhanden war. Wir konnten es nicht glauben, das Abenteuer, auf das wir uns bedacht bzw. unbedacht eingelassen hatten, war zum Greifen nahe. Am nächsten Tag sollte es losgehen.

Unser Flug führte uns über *Delhi*, und weiter mit einer kleinen Maschine nach *Kaschmir - Srinagar*.

Kaschmir, ein Land mit einer wechselvollen Vergangenheit, einst ein Fürstenstaat, ist heute ein umstrittenes Gebiet, von Indien, Pakistan und der VR China gleichermaßen beansprucht. Der indische Teil *Kaschmirs* teilt sich in die Divisionen *Jammu*, *Kaschmir* und *Ladakh* auf, wobei der größte davon *Ladakh* ist.

Wenn vom Himalaya die Rede ist, wandern die Gedanken der Inder sofort nach *Kaschmir*, und gerne zitieren sie dabei den Gedanken eines Moghul-Kaisers: *„Wenn es ein Paradies auf Erden gibt, dann ist es hier*!" Das hochgelegene Tal - 1760 m - bietet im Sommer ein erfrischendes Klima, das auch die Engländer während ihrer Kolonialisierung zu schätzen wussten.

Srinagar - City of the sun, in Sanskrit: *Siri* - Sonne, *Nagar* - Stadt - ist die Sommerhauptstadt von *Kaschmir* und ist eine der schönst gelegensten Städte Indiens. Sie liegt auf einer Höhe von 1730 m inmitten eines prächtigen Hoch-Tales, zu beiden Seiten des Flusses *Jhelam*, und ist von Seen, wie dem *Dal-Lak* und dem

Nagin-Lak, umgeben. *Srinagar* war nicht umsonst die Resistenz vieler Moghule. Atemberaubende Landschaftsgärten um den *Dal-Lak* herum verteilt, wie *Shalimar* - "der Garten, in dem die Liebe wohnt", *Nishat* - "Garten der Genüsse", *Chasma Shahi* - "Quelle des Königs" - zeugen noch heute vom Glanz und der Macht der Vergangenheit.

Man könnte selbst seine Phantasie spielen und *Tausendundeine Nacht* wieder auferstehen lassen, indem man sich mit einer *Shikara*, das ist ein kleines, schmuck ausgestattetes Boot, hingegossen auf einer weichen Matratze und geschützt vor der Sonne durch einen Baldachin, von einem kräftigen Kashmiri durch die Kanäle und Seen, vorbei an Inseln von rosa-weißen Lotusblüten, staken lässt, immer die pittoreske Umgebung mit dem am Horizont weiß schimmernden Panorama des Himalayas im Blick habend. Die hohen Gipfel schienen mit dem Himmel zu verschmelzen. Die kleinen Dörfer, an denen wir vorbeifuhren, boten uns ein Schauspiel mittelalterlicher Szenerie.

Die Bevölkerung ist zu 68 Prozent muslimisch geprägt, davon zeugen die vielen Moscheen: *Juma Masjid*, das ist die größte von *Srinagar*, die *Haratbal Masjid*, am Dal-Lak gelegen, birgt eine kostbare Reliquie, ein Haar vom Propheten Mohammed. Auch der Hinduismus (28 Prozent der Bevölkerung) zeigt sich besonders schön in dem, auf dem 305 m hohen *Shankarachava*-Hügel, von dem Hindu-Heiligen *Shankaracharya* im 8. Jahrhundert erbauten Tempel. Außerdem hat man von hier einen herrlichen Blick auf die Stadt mit ihren Wasserläufen, Gärten und Häusern, den Seen und den umliegenden Bergen.

Besonders aber attraktiv für die Touristen waren die verstreut auf den Seen liegenden, schmucken Hausboote, - eine nette Alternative zu den üblichen Hotels. Diese schwimmenden Unterkünfte entstanden 1888 ursprünglich als Notbehelf, als immer mehr Engländer in dem kühlen Klima Erholung suchten. Der argwöhnische Maharaja sah durch die vielen Briten seine Macht bedroht und verbot ihnen jeglichen Landbesitz.

Eines dieser schwimmenden Häuser hatten wir inklusive Koch und Hausboy für acht Tage gemietet. Sie verwöhnten uns mit leckeren Speisen und sogar die Sitte der Engländer, fünf Uhr morgens einen "Early tea" zu servieren, war beibehalten worden. Unser Hausboot lag am Rande des *Nagin Laks*, einem malerischen Dorf gegenüber. Auch hier wieder ein Teppich aus Lotusblüten, der sich um das Boot ausgebreitet hatte. Das Szenario war unwirklich, fast so, als befände man sich in einer Traumwelt. Wir hatten zwar ein Luxusboot mit Kronleuchter, fließend Wasser und elektrischem Licht gemietet, doch des Nachts jagten sich Ratten, so groß wie Kaninchen, durch das Zwischendeck.

Es verlief alles sehr ruhig und zivilisiert, und wir genossen die faulen Tage, die uns das Leben auf dem Hausboot bescherten; sie sollten ja dazu dienen, uns langsam an die enorme Höhe, die uns in *Ladakh* erwarten würde, heranzutasten. Denn unser Ziel war der 5.300 m hohe *Nimaling*, den zu erklimmen wir uns nun einmal vorgenommen hatten.

Die Besichtigungen der Moscheen, Hindu-Tempel, der Gärten und des Basars war eine willkommene Abwechslung, bevor es auf den, noch völlig im Dunkel liegenden, Trek gehen sollte. Besonders der Basar mit seinen vielfältigen Gerüchen, Geräuschen und feil gebotenen Waren sowie dem bunten Völkergemisch hatte es uns angetan.

So gingen die Tage dahin. Und eines Morgens standen wir dann mit unseren Rucksäcken, einem Zelt, zwei Schlafsäcken und einer Metallbox, die noch gefüllt werden musste, auf dem Busbahnhof von *Srinagar*. In zwei Tagesfahrten sollte uns die Öffentliche Verkehrsgesellschaft nach *Leh*, der Hauptstadt von *Ladakh*, bringen. Doch als dann die zwei Busse um die Ecke bogen, glaubten wir nicht, uns diesen überhaupt anvertrauen zu können; ihr Zustand war dermaßen desolat. Abgefahrene Reifen, zum Teil fehlende Fensterscheiben, und an das Innenleben wollten wir schon gar nicht erst denken, waren für die einheimischen Mitreisenden etwas ganz Normales. Also zückten wir beim Einsteigen mutig unsere Tickets, so als wäre es das Normalste von der Welt, einmal kurz nach der 450 Kilometer entfernt gelegenen Stadt *Leh* zu fahren. Außer einer Handvoll Touristen saßen fast nur Einheimische im Bus. Mit Werner und Ingrid, einem Arzt-Ehepaar aus Bad Kreuznach, freundeten wir uns schnell an und teilten unsere Ängste und Zweifel über dieser abenteuerlichen Fahrt. Dass wir mit ihnen in naher Zukunft ein noch größeres Abenteuer zu bewältigen hatten, das ahnten wir in diesem Moment noch nicht.

Der Bus setzte sich ruckelnd und zuckelnd in Bewegung, - ob er es wohl schaffen würde, - das ging zumindest all den Touries durch den Kopf.

Gleich hinter den Bergen, die das Tal von *Kaschmir* im Norden abriegeln, liegt *Ladakh*. Und dennoch ist eine Reise dorthin wie ein Besuch auf einem anderen Stern. Noch waren wir im mohammedanischen Teil *Kaschmirs*. Reisfelder kleben wie Terrassen an den Hängen und werden von Bächen, die aus dem Himalaya kommen, bewässert. Doch mit jedem Kilometer, den wir das *Sindh-Tal* hinauffahren, wird die Landschaft karger. Hinter *Sonomarg* wird die Distriktgrenze von *Ladakh* überschritten. Eine nicht enden wollende, fünf Meter breite Sandpiste schlängelt sich in vielen Windungen durch die braun-graue Landschaft zu dem auf 3.500 m liegenden *Zoji La Pass* hinauf. Es fehlt jegliche Vegetation. Eine Leere, über die sich ein strahlend blauer Himmel wölbt, aus dem eine gnadenlos heiße Sonne herunterbrennt. Der *Zoji La* stellt die einzige Verbindung zwischen *Srinagar* und *Leh* dar, und der ist im Winter für sieben Monate unpassierbar. Schneeverwehungen von bis zu vierzehn Meter Höhe sind fast Normalität.

Von der Passhöhe des *Zoji La* ging es durch das Quellgebiet des *Drass-Flusses*, in dessen Tal die Straße nach *Kargil* führt. Kleine Ansiedlungen lagen meist abseits der Straße an den Berghängen. Die ersten Anzeichen des Buddhismus waren bereits zu sehen. Vier Reliefs aus dem 7. Jahrhundert standen direkt an der Straße nach *Kargil*, unserem ersten Ziel. *Kargil* war früher einmal der Schnittpunkt der Handelswege von Russland nach Indien und China nach Westen. Heute ist es nur noch eine verlauste Übernachtungsmöglichkeit für die Reisenden, die weiter nach *Leh* oder nach *Padum* in *Zanskar* wollen. Man sah hier kaum Frauen auf der Straße. Ein Zeichen dafür, dass wir uns noch immer im moslemischen Landesteil befanden.

Nun, unsere erste Etappe war erreicht. Wir kamen des Nachts frierend und völlig verdreckt an. Eine Unterkunft zu finden war leicht, denn ein herbeieilender Junge nahm uns einfach an den Händen und führte uns in sein Haus. Zu dem, was uns noch erwarten sollte, war das eine Luxusherberge.

Am anderen Morgen sollte es schon sehr früh weitergehen. Wir verabschiedeten uns nach einer ziemlich kalten Nacht von den Wirtsleuten, aber mit dem Versprechen, auf der Rückfahrt wieder vorbei zu schauen und ihnen dann unsere Schlafsäcke zu überlassen, was wir auch von ganzem Herzen getan hatten.

Uns empfingen die ersten *Ladakhis* mit ihren typischen *Tibi*-Kopfbedeckungen, auf denen sie meist ihr gesamtes Vermögen in Form von Türkisen, Korallen und anderen Steinen mit sich herumtrugen. Die meisten Bewohner von *Ladakh* sowie die im Dalai-Lama-Reich gehören zu der reinen tibetischen Bevölkerung. Geschlitzte Augen, hervortretende Wangenknochen, schwarzes glattes Haar, braune Hautfarbe kennzeichnen den Tibeter (mongolisch). Allen Einwohnern mangelt es an „Reinlichkeit". Ältere Leute baden nie. (Nach Beendigung des Treks kann ich das voll nachempfinden.)

Außerdem sahen wir jetzt, statt der Moscheen und Minaretts, Chörten, Stupas und Mani-Mauern. Das sind Anhäufungen von Steinen, auf denen in Sanskrit das älteste Mantra *"Oh mani padme hum"* (Oh du Juwel in der Lotosblume) eingeritzt und die zu langen Mauern aufgeschichtet waren, eben zu Mani-Mauern. Diese Orte sind heilig und die Steine Sinnbild der Darbietung.

Soweit das Auge reichte waren wir von einer eintönig, grauen Steinwüste umgeben, und nur selten wurde der Blick abgelenkt von den an die Hänge geklatschten *Gompas*, *Shergol* und *Lamayura-Gompa*, oder den im Tal liegenden grün schimmernden Oasen; der Beweis dafür, dass Wasser und somit Leben auch an diesen abgeschiedenen Orten zu finden war. Ein weniger schöner Beweis für das Ende desselben waren die vielen vom Weg abgekommenen und in die Tiefe gestürzten Laster und Busse. Uns, den Touries, stockte nicht selten der Atem, wenn der Busfahrer sich durch enge

Schluchten und um die durch Lawinen und Erdrutsche bedrohten Hänge herumschlängelte. Die Straße windete sich unverdrossen in kurzen Serpentinen durch die trockene Landschaft, die zu den wasserärmsten Regionen der Erde gehört. Die Kette des Himalayas im Norden von *Kaschmir* versperrt den regenträchtigen Monsunwolken aus dem Süden den Weg. Die Jahresmenge Regen in *Ladakh* misst gerade einmal 8 cm. Die Folge ist, dass *Ladakh* auch zu der am dünnsten besiedelten Region der Erde gehört. Menschliches Leben konnte sich nur dort entwickeln, wo der Oberlauf des *Indus* und Schmelzwasser aus den Bergen die Felder bewässern. Erschwerend hinzu kommen die eiskalten Winter, in denen minus 40 Grad C keine Seltenheit ist und alles Leben zum Erliegen bringt; ein Winter, der bereits Anfang Oktober beginnt, und erst im Juni durch die glühend heiße Sonne wieder verjagt wird.

Nur noch der 3.718 Meter hohe *Namika-La Pass* musste überwunden werden, bis wir endlich das unter uns liegende, in den Felsen gebaute Kloster *Lamayura-Gompa* erschauen konnten. Es wirkte vor dem Hintergrund der Berge wie die Fortsetzung der Natur durch Menschenhand, und wir waren fasziniert von der unauffälligen Architektur; ein Highlight ihrer Baukunst und Zeichen ihrer Geschicklichkeit. Es ist das größte und älteste Kloster in *Ladakh*, umrankt von vielen Märchen, Geschichten und Heiligenlegenden. Leider machte der Bus keinen Stop, letztendlich fuhren wir ja mit einem "Öffentlichen Verkehrsmittel", dessen zu bewältigende

Strecke *Srinagar-Leh* war. Schade, denn dahin würden wir wohl nie wieder kommen.

Wir fuhren jetzt eine Weile am Indus Tal entlang, bis linkerhand endlich ein Schild eine Abzweigung in ein Seitental das zehn Kilometer entfernt liegende *Leh* ankündigte.

L e h - die auf 3.500 m Höhe gelegene Hauptstadt von *Ladakh*, unser heiß ersehntes Ziel, endlich lag sie vor uns mit dem alles überragenden, majestätischen Königspalast, dem Potala von *Lhasa* nicht unähnlich.

Unser Durst auf die fremde Kultur, die uns in so vielen Büchern angepriesen wurde, musste erst einmal ungestillt bleiben. Wichtigere, profanere Notwendigkeiten hatten Vorrang. Es musste eine Unterkunft gefunden werden, die wir aber dann ganz schnell in einem zauberhaften *Ladakhi*-Haus inmitten eines blühenden Gartens fanden. Es hatten sich bereits zwei Pärchen - Schweden und Amerikaner - eingemietet, und wir, d.h. Werner, Ingrid und wir, hatten Glück, die zwei restlichen Zimmer ergattert zu haben. Die Fenster hatten zwar keine Scheiben und auch mussten wir uns ein Bad teilen, doch ansonsten war das Zimmer sauber und für das Auge ein erfreulicher Anblick.

Eine besondere Überraschung hielt die Frau des Hauses parat. Wir nannten sie *Matulla*, eine typische Ladakhifrau mit langem, etwas verfilztem Zopf, als sie mit einem fulminanten Mahl aufwartete. Es gab Suppe, Maultaschen in verschiedenen Variationen, einmal gefüllt mit Gemüse und einmal mit verschiedenem Fleisch (Yak und Schaf). Wie sie die vielen Gerichte auf ihrer kleinen Kochstelle gezaubert hatte, wird uns immer ein Rätsel bleiben. Wir sahen nur, wie die aus *Tsampa* (Gerste) hergestellten *Chapatis* zum Backen an die Wände des Ofens, den sie mit getrocknetem Yak-Mist befeuerte, geklebt wurden. Sie waren köstlich; weniger köstlich allerdings war die dazu gereichte ranzige Butter. Daran sollten wir uns aber noch gewöhnen müssen, um nicht unhöflich zu wirken. Denn der sehr lange gebrühte Tee wurde immer mit Butter, Milch, Salz, Soda zubereitet, und er war Ausdruck ihrer großen Gastfreundschaft. Zu jeder Gelegenheit wurde er angeboten. Unser Frühstück bestand aus *Tsampa*-Suppe, *Chapatis* mit ranziger Butter und Aprikosenmarmelade, die wiederum köstlich war. Aprikosenbäume gedeihen in den niedrigeren Tälern. Für den Winter werden sie getrocknet. Der Geruch der ranzigen Butter verfolgte uns noch lange. Überall befanden sich Butterlämpchen: in den Häusern, in den *Gompas*, unter den Heiligenbildern …

Unsere Matulla lebte zusammen mit ihrem Mann und dessen Bruder in ehelicher Gemeinschaft. Sie konnte von Glück reden, dass der dritte Bruder immer für das Kloster bestimmt war und ihre angeheiratete Familie nur aus den Eltern und ihren drei männlichen Nachkommen bestand. Die Familien leben in einem Matriarchat, d.h., wenn die Frau heiratet, heiratet sie sogleich dessen Brüder. So bleibt der Grundbesitz in einer Hand und er wird nicht in kleine Parzellen aufgeteilt. Im Hause regiert die Frau, ansonsten hat der erste Ehemann das Sagen.

Wir waren gut untergebracht und wurden gut verköstigt. Was noch befriedigt werden musste, war unsere kulturelle Sehnsucht. Es gab so viel zu besichtigen. Abgesehen von den in Reichweite liegenden Gompas (Klöstern), wie *Hemis-, Tikse-, Sangkar-, Spitok-Gompa* - diese wollten wir ein paar Tage später, nachdem wir uns etwas akklimatisiert hatten, mit dem Jeep aufsuchen - hatte *Leh* genug zu bieten.

Da war der alte Königspalast, der dem *Potala* von *Lhasa* sehr ähnlich sah, aber leider, schon sichtlich, dem Verfall ausgeliefert war. Die acht Stockwerke zu betreten hätte einem Selbstmord geglichen. Und so begnügten wir uns, in der 1. Etage stehend, mit den Gedanken an die vielen mächtigen Herrscher, die seit dem 17. Jahrhundert von diesem Gemäuer aus mit starker Hand regierten. Die Zerstörung des Palastes durch die kaschmirische Invasion im vergangenen Jahrhundert war eine logische Abfolge der Geschichte. ... Alles hat irgendwann einmal ein Ende. Heute noch gehört der Palast der Königsfamilie, die nach ihrer Entmachtung in ihren zweiten Palast in *Stok*, einem kleinen Nachbarort, gezogen war. Sehenswert sind die wenigen und nur teilweise erhalten gebliebenen Wandmalereien mit ihren nirgendwo sonst zu findenden Symbolen. Die Gesamtanlage beeindruckt durch die tibetische Bauart mit den leicht abgeschrägten Wänden sowie der klaren Linienführung. Der Aufstieg zum Palast lohnte sich aber auch schon seiner Aussicht wegen. Schauen konnte man von da aus durch die auf bunten Leinen hängenden und im Wind flatternden Gebetsfahnen bis zu der jenseits des *Indus-River* gelegenen Bergkette der *Zanskar-Ranch*. Bei gutem Wetter war sie zum Greifen nah.

Ursprünglich war *Leh* noch durch eine Stadtmauer mit drei Toren geschützt. Davon liegt eines in der Nähe des Marktes, durch das nur die königliche Familie schreiten durfte. Deshalb auch der Name *Königstor*. Die Chörten oberhalb der Stadt sind die Reste des Friedhofes der herrschenden Gesellschaft. In frühen Zeiten, wie auch in Tibet und heute in *Mustang* (Nepal) üblich, zerhackte man die Körper der Verstorbenen. Mit Steinen wurden sie dann so klein gemahlen, dass die Geier sie fressen konnten. Heute ist an die Stelle der Zerstückelung die Leichenverbrennung getreten. Nach einer Zeremonie im Haus wird der Leichnam in einem verhängten Tragsessel verschnürt. Die Prozession bewegt sich danach in Begleitung von Lamas in ein Seitental. Der Sessel wird auf einen gemauerten Ofen gestellt und verbrannt. Die Asche wird entweder in einen heiligen Fluss gestreut, oder bei hochgestellten Persönlichkeiten in einer Chörte beigesetzt.

Erwähnenswert wäre da noch ein an den Felsen gemaltes Buddha-Bild, sicher ein Überbleibsel eines Klosters, und die rote *Gompa* mit der drei Stockwerke hohen Buddha-Figur.

Ladakh ist das Land der Klöster. Wenn es nicht an den Felsen hoch in den Bergen „klebt", dann ist es zumindest ein besseres Wohnhaus, in dem nur zwei Mönche leben. In den größeren Klöstern verbringen schon einmal bis zu hundert Mönche ihr Leben, die entweder der Sekte der roten Mützen oder der gelben angehören.

Wir machten uns also auf, diese zu besichtigen. Da waren Ingrid und Werner und ein Pärchen aus Schweden, mit denen wir einen alten MacArthur Jeep mit Fahrer mieteten. Wir fuhren am *Indus* entlang, an dem, wie auf einer Perlenschnur aufgereiht, die Klöster lagen, natürlich immer an den Berghängen „klebend".

Obwohl sie alle auf ihre eigene Art bemerkenswert waren, gebührt jedoch *Hemis Gompa* besondere Beachtung. *Hemis Gompa*, eines der wichtigsten Klöster (außer *Lamayuru*), ist über die Grenzen *Ladakhs* hinaus bekannt durch sein Fest, das jedes Jahr im 5. tibetischen Monat (2. Hälfte des Junis) mit Maskentänzen gefeiert wird. Es ist ein religiöses Fest, das nur noch, doch viel bescheidener, in *Zanskar* stattfindet. Wir hatten es leider um zwei Monate verpasst.

Doch was es zu bestaunen gab, reichte auch ohne Maskentänze an die Grenze des Erfassbaren. Wir gelangten nach vierzig Kilometern über ein kleines Indus-Seitental direkt zum Eingang der *Gompa*. Die Nähe erahnte man vorher schon an den gewaltigen

Manimauern, die jenseits eines Baches verliefen, und diesen während der Schneeschmelze zügeln sollte. Das Ausmaß der gesamten Klosteranlage, die recht versteckt an einer Felswand gelehnt liegt, konnte man am besten von einem erhöhten Standpunkt aus, dem sogenannten Adlerhorst, ermessen. Der Adlerhorst war eine Eremitage, die nach einem einstündigen Aufstieg in ca. 3.900 m Höhe erreicht wird. Sie wurde im 13. Jahrhundert erbaut (also früher als HG) und beherbergt wertvolle *Thangkas*, Statuen sowie eine Bibliothek.

Uns empfing ein großer Vorhof, dessen optischer Mittelpunkt zwei auf langen Masten befestigte Gebetsfahnen vor einer Freitreppe, die zu dem *Dhukhang*, dem allgemeinen Versammlungsraum, führt, bildete. In diesem Raum dominierten die auf einem Podest befindlichen Sitzreihen der Mönche und der Thron des *Rinpoches*. Dieser ist das geistige Oberhaupt, eine Wiedergeburt des Klostergründers, der unter *König Namgyal Hemis Gompa* erbaut hatte. In bester Erinnerung habe ich die großen, mannshohen Gebetsmühlen, an denen alle vorbeigezogen, die das Kloster betreten wollten. Gebetsmühlen sind Zylinder, auf denen in Sanskrit Mantras bzw. heilige Texte eingeritzt sind, die durch das Anschubsen mit der Hand zum Rotieren gebracht werden. Doch als einzigartig kann die Gebetsmühle gelten, die nur von zwei ausgewachsenen Mönchen bewegt werden kann. Auf dieser befinden sich Millionen von Gebetsstreifen, die oft meterlang sind. Bei jeder Umdrehung läutet eine Glocke.

Kommt man in die große Halle, so empfangen einen die in diffusem Licht sitzenden Mönche und Novizen, die entweder in ihre Leseübungen versunken, beim Meditieren, Musizieren oder Essen sind, das aus Buttertee und *Tsampe* besteht, oder beim Gebet, das stundenlang dauern kann und instrumental begleitet wird. Dabei kommt eine Art "Gesang" zustande, der sich durch die Eintönigkeit des Gebetes und der zum Einsatz gebrachten Instrumente wie Trommeln, Pauken, Knochen, Trompeten, Schalmeien, Zimbeln und eine Art Alphörner, wie Katzengejammer anhört. Und dabei erscheinen Mönche mit Weihrauchkesseln an langen Silberketten und *verpesten* die Luft. Ich habe noch nie so etwas "grauenhaft Schönes" erlebt. Uns ließ es frösteln, und uns standen die Haare zu Berge. Gern hätte ich auch eine Gebetsmühle in der Hand gehalten, um mich durch das Drehen derselben und dem dabei vor mich hersagenden Mantras *"Om mani padme hum"* zu beruhigen.

Eine ganze Weile saßen wir wie gebannt auf dem Boden vor den Mönchen wie von Opium berauscht und gaben uns ganz der Atmosphäre hin, die diesen Raum ausfüllte. Irgendwann verschwanden wir auf leisen Sohlen, denn HG hatte noch viele andere Räumlichkeiten zu bewundern. Überall standen Buddhas, die mit Blumengirlanden behangen waren, und die ansonsten reich bemalten Wände schmückten *Thangkas* und wertvolle Rollbilder.

In der Bibliothek saß ein Mönch auf einem kleinen Schemel und hielt ein riesiges Buch in den Händen, aus dem er laut rezitierte. Eigentlich waren es einzelne Blätter, die wunderschön bemalt waren. Jedes einzelne Buch war von einer Stoffhülle ummantelt, damit ihnen je kein Schaden widerfahre, denn sie waren alt und kostbar.

In dem Kloster lebten bis zu sechzig Mönche. Auch viele junge Novizen sah man überall, die sich wie kleine Hunde herumbalgten oder die sich im Diskutieren übten und maßen. Kinder bleiben eben Kinder, auch wenn sie im Kloster aufgezogen werden.

Es wäre müßig noch all die anderen vielen Räume aufzuzählen, denen unsere Bewunderung galt; sie waren alle sehr prächtig.

Ausgefüllt von den vielen Eindrücken fuhren wir an diesem Tag nach *Leh* zurück. Es war eine sinnvolle Entscheidung, sich den Jeep mit Fahrer für ein paar Tage gemietet zu haben, denn ohne ihn wäre die Besichtigungen der Klöster aus zeitlichen Gründen nicht machbar gewesen. Wir wollten ja auch noch auf eine Trekkingtour gehen. Doch vorher lag *Tikse Gompa* noch auf unserer Agenda.

Eine schöne Stimmung, wie sie nur selten erlebt werden kann, umfing uns auf dem Wege. Es war ein sonniger, warmer Tag - naja sonnig und warm waren eigentlich um diese Jahreszeit alle Tage - und Zeit der Ernte, die im *Industal* in vollem Gange war. Überall auf den

Feldern sah man Menschen, die mit dem Einbringen der Ernte beschäftigt waren. Männer, die mit Sicheln die Gerste mähten, Frauen, die diese zu Garben zusammenbanden und zum Trocknen aufstellten. Wieder andere sah man beim Dreschen der bereits getrockneten Gerstenbündel. Diese wurden mit voller Kraft auf den Boden geschlagen und die herausspringenden Körner zusammengefegt und auf ein aus Weide geflochtenes großes Tablett dem Wind dargeboten. Dieser musste dann nur noch tüchtig blasen, um die Spreu von der Gerste zu trennen. Alle waren fröhlich bei der Arbeit und von überall her erklangen ihre eintönigen Lieder.

Bald sah man *Tikse Gompa* mit ihren vielen weißen Gebäuden und Chörten, verteilt auf einem spitzen Bergkegel, in der Sonne aufblitzen. Diesen erklommen wir und hatten von da eine gigantische Aussicht auf das *Industal*, die Menschen, Tiere und die lange Bergkette, die zu überwinden wir in ein paar Tagen gezwungen waren, um ins *Marka Valley* zu gelangen.

Zurück nach *Leh* fuhren wir in ausgelassener Stimmung. Die in Front sitzenden Schweden zückten eine Kamera und wollten uns, d.h. Werner, Ingrid, mich und Otto, die wir auf den beiden seitlichen, parallel zu den Fensterscheiben untergebrachten Bänken saßen, fotografieren. Wir hatten uns bereits in die Mitte gebeugt, um voll im Bild sein zu können, als uns ein entgegenkommender Armee-Laster halb frontal streifte. Unser Jeep schleuderte führerlos auf einen von der

Straße abzweigenden Platz. Das war unser Glück, denn linkerhand ging es steil bergab auf einer Böschung, die zum Indus führte. Normalerweise wird die Straße begrenzt durch Felsen und Geröll und den Bergen. Von Glück sprachen wir auch, als wir unseren Jeep inspizierten: Die restlich verbliebenen Scheiben hatten sich zu Dolchen verwandelt, und wenn wir dort gesessen hätten, wären wir aufgeschlitzt worden.

Unser Fahrer, ein junger Bursche, war nirgends mehr zu sehen; der hatte sicherlich noch nie einen Führerschein besessen, geschweige denn gesehen. Uns war außer dem Schrecken nichts passiert, nur mussten wir jetzt sehen, wie wir nach *Leh* zurückkommen sollten. Aber das war das kleinere Übel. Irgendwann einmal kam ein rettendes Auto vorbei, das uns mitnahm, nachdem wir alle bereits große Müdigkeit zeigten.

So kam es, dass wir Ingrid und Werner mit auf unseren Trek nahmen, den wir eigentlich allein nur mit Sherpas durchführen wollten. Die beiden hatten bereits aufgegeben und wollten zurück nach *Srinagar*, denn zu der damaligen Zeit gab es keine geführten Treks. Doch so ein Unfall lässt die ursprünglichen Pläne unwichtig erscheinen, und wir konnten es uns plötzlich gut vorstellen, mit ihnen gemeinsam die Bergwelt zu bezwingen.

Und so suchten wir einen Führer und Pferde, auf denen all unser Gepäck geladen werden sollte, und natürlich brauchten wir auch einen Pferdeführer. Zu unserem üblichen Gepäck kamen noch all die Lebensmittel, die von vier Personen auf dem circa dreiwöchigen Trek verspeist werden sollten. Unterwegs gab es keinerlei Möglichkeiten zu übernachten, geschweige denn etwas zum Essen zu kaufen. Alles war ursprüngliche, fast leere Natur, nur hin und wieder sah man Menschen, die in Lehmhütten hausten. Von Dörfern zu sprechen, wäre übertrieben. Das würde eine harte Tour werden: Zelte selbst aufstellen, selbst beköstigen, d.h. Kochen auf einem kleinen Spirituskocher.

In Toschi und seinem Onkel mit seinen zwei Pferden fanden wir die perfekten Führer. Sie wohnten in einem pittoresken Bauernhaus am Rande von *Leh*. Der Mittelpunkt des Hauses bildete eine ziemlich große Küche, in der sich das gesamte Leben abspielte. Ein großer Ofen und an den Wänden hängende, blank polierte Messingtöpfe, Pfannen, Tiegel vervollständigten das Bild einer "reichen" Ladakhifamilie. Die Küche war sehr verräuchert, es gab nur ein Loch in der Decke, durch das der Rauch abziehen konnte. Im Winter, wenn es bis zu vierzig Minusgrade kalt werden konnte, schlief man rund um den Ofen, der aber nie ausgehen durfte.

So ein Leben konnten wir uns beim besten Willen nicht vorstellen. Wir bekamen die für die in so karger Umgebung lebenden Menschen typische Gastfreundschaft sofort zu spüren, indem sie uns mit frisch zubereitetem Buttertee aufwarteten. Dieser wurde in einem hohen, röhrenförmigen Gefäß zubereitet. Die Zutaten: Milch und Butter - von den

Yaks -, Tee, Salz und Soda wurden geschlagen, ähnlich wie bei uns beim Buttern; dadurch bekam er seine sämige Konsistenz. Leider fand ich ihn sehr eklig, und es kostete mich einige Überwindung, ihn zu trinken. Ich hielt mir die Nase zu und schaffte so für mich die erste Herausforderung, noch bevor das Abenteuer überhaupt begonnen hatte.

Wir hatten uns für den *Markha Valley Trek* entschieden. Der sollte uns von *Stok* aus, wo wir die Pferde und unsere Führer in Empfang nehmen würden, über den *Ganda La Pass* - 4.950 m - nach *Markha*, am *Markha-River* entlang, dann über das Hochplateau des *Nimaling* - 5.000 m - und dem *Langmaru La*, auf 5.300 m, nach *Hemis Gompa* führen. Von da aus sollten wir allein weiter nach *Leh* zurückfinden, da sich die Führer dann von uns trennen würden. Eine Strecke von 150 Kilometer lag vor uns.

Die letzten zwei Tage, bevor es losgehen sollte, verbrachten wir mit Einkäufen auf Märkten. Das Gemüse sollte ja so frisch wie möglich sein. Aber auch anderen Lebensmitteln galt unsere Beachtung. Kartoffeln z.B. konnten wir nicht verwenden. Sie würden eine zu lange Garzeit benötigen.

Wir würden uns auf einer Höhe zwischen 3.500 und 5.300 m bewegen. Der Luftdruck hat direkte Auswirkung auf den Siedepunkt. Je weniger Druck, desto tiefer sinkt der Siedepunkt. Pro 300 m Höhe zusätzlich, sinkt der Siedepunkt um ca. ein Grad ab. D.h. Auf Meereshöhe kocht das Wasser bei hundert Grad Celsius, auf 3.900 m Höhe bei siebenundachtzig Grad Celsius. Die Garzeit brauchte länger, und das Kerosin, das wir mitnehmen wollten, wäre schneller verbraucht.

So begnügten wir uns hauptsächlich mit Reis, Nudeln, einigen Fleischkonserven und Suppen aus der Tüte, die wir bereits aus Deutschland mitgebracht hatten. Dazu kamen Pumpernickel, Brot aus der Dose, Wurst und Käse, und als Leckerei viele Tafeln Schokolade. Kaffee, Tee, Powdermilk und natürlich das Gemüse rundeten unseren Speiseplan ab.

Nachdem wir alles noch einmal sorgfältig bedacht und gepackt hatten, begaben wir uns zu Bett. Für unsere Lebensmittel hatten wir bereits in Srinagar eine Metallbox gekauft, und für den Kaffee und die Powdermilk standen uns Metallflaschen zur Verfügung. Diese sollten uns noch einmal gute Dienste leisten, indem sie uns als Wärmflaschen dienten.

Ein sehr unruhiger Schlaf mit merkwürdigen Träumen begleitete uns bis es tagte. Unseren Mitreisenden, Ingrid und Werner, ging es sehr ähnlich. Und so traf sich eine müde und aufgeregte Gruppe zum Frühstück. Für die nächsten drei Wochen würde das das letzte gepflegte Mal werden, und so mundeten uns die *Chapatis* mit der ranzigen Butter und der Aprikosen-Marmelade so gut wie eine Delikatesse.

Dann hieß es Abmarsch. Ein öffentliches Verkehrsmittel brachte uns nach *Stok*, einem kleinen naheliegenden

Dorf. Wie wir das mit dem vielen Gepäck bewerkstelligt haben, bleibt ein Rätsel; ich kann mich nicht mehr daran erinnern. Doch gut erinnern kann ich mich noch an die Stimmung, die in dem Bus herrschte. Außer den Einheimischen, die bepackt waren mit Gemüse und lebenden Tieren und einer Unzahl von anderen Dingen, die sie auf dem Markt von *Leh* erstanden hatten, befanden sich noch einige Mönche im Bus. Das von ihnen in gleichmäßigem Rhythmus gemurmelte *„Oh mani padme hum"* hatte eine beruhigende Wirkung auf uns.

Und so kamen wir in entspannter Hochstimmung am Haus von *Toshi* und seinem Onkel, dem Pferdeführer, an, die bereits startbereit mit ihren vier Pferden auf uns warteten. Die Pferde scharrten ungeduldig mit ihren Hufen im Dreck, wohl spürend, dass ihnen gleich eine große Last auf ihren Rücken geschnallt werden würde. Das Bepacken musste sehr sorgfältig vorgenommen werden, alles musste Platz finden. Letztendlich waren wir sechs Personen und vier Pferde, die es galt, auf der langen Reise nicht nur zu beköstigen. Ein fast kleiner Haushalt reiste mit: Zelte, Schlafsäcke, Töpfe, Kocher, Rucksäcke usw.

Endlich zogen wir los, eine kleine seltsame Karawane, erst langsam, dann immer etwas schneller, bis die Pferde ihr Tempo gefunden hatten. Das Laufen fiel uns allen noch sehr schwer. Der Körper musste sich erst an die Höhe von 3.500 m gewöhnen. Wir konnten uns noch nicht vorstellen, jemals das Ziel zu erreichen, geschweige denn den Hügel, der vor uns lag, zu bewältigen. Bei jedem Schritt, den wir mit großer Anstrengung in Richtung Gipfel taten, rutschten wir ein Stück den Berg wieder hinunter. Der Berg bestand aus Sand und Geröll. Doch das war nur der Anfang. Am Ende unserer Tour hätten wir gesagt: "...den machen wir doch mit links". Aber soweit waren wir noch nicht. Und so schnauften wir uns erst einmal einen ab, während das Herz aus der Brust zu springen drohte. Wäre da nicht das Stück Schokolade oder ein Powerriegel gewesen - Werner hatte von einer Firma Astronautenkost zum Testen bekommen -, hätten wir längst kapituliert.

Auch von den Gebetsfahnen, die auf jedem Gipfel an einer Leine hängend im Winde flatterten, bekamen wir stets ein kleines Fetzchen von unserem Führer voller Stolz an unsere Hüte geheftet. Damit war man vor den Berggeistern sicher und es sollte Glück bringen in den kommenden Tagen. Da wir nun wussten, was uns nach jedem Aufstieg erwartete, liefen die Füße fast von allein. Na, vielleicht ein bisschen übertrieben, denn bis wir uns an die Höhe gewöhnt haben sollten, würde noch einige Zeit verstreichen.

Nach einer kleinen Verschnaufpause ging es dann bergab. Im Tal unten mochte das kleine Dörfchen *Jimchen* liegen, vor diesem wir unser erstes Nachtlager aufschlagen wollten. Doch noch trennten uns viele Stunden davon. Eine schöne Strecke lag vor uns, immer an einem Indus-Zufluss entlang, der jedoch mehrere Male überquert werden musste. Das eiskalte Wasser reichte oft bis zu den Knöcheln - manchmal auch bis zu den Waden - und ließ uns jedes Mal erstarren. Man glaubt gar nicht, was der Körper alles verträgt, wenn er nur will. Wir mussten uns beeilen, um noch vor Einbruch der Dunkelheit und der Kälte, die bei Nacht sehr maßlos sein konnte, einen passenden Platz zum Zelten zu finden. Wir fanden ihn unweit eines Bächleins, der später dazu dienen sollte, unseren Körper als auch das Geschirr zu reinigen. Den Körper haben wir da zum ersten und zum letzten Mal ganz von oben bis unten gewaschen. An den folgenden Tagen waren wir zu erschöpft; die Höhe nahm ständig zu und wir waren einfach nur froh, wenn unser Zelt stand und das Essen gekocht war. Es reichte, wenn die Füße, das Gesicht und noch einige andere Stellen gesäubert waren.

Am Tag konnte es sehr heiß und des Nachts sehr kalt werden. Morgens wollte keiner aus dem Zelt, um Kaffee zu kochen. Doch Otto, unverwüstlich wie er war, übernahm die Aufgabe. Und so streckten wir nur unsere Hand aus dem Zelt, um dankbar den Kaffee entgegen zu nehmen. Welch ein Genuss! Das war der schönste Moment vom ganzen Tag. Nein, nein, es gab so viele schöne Momente, die ich gar nicht alle beschreiben kann. Aber die Arbeit, die neben dem Trekken noch zu verrichten war, nämlich das Auf- und Abbauen des Zeltes, Kochen, Abwaschen, Rucksack packen, Pferde beladen, und, und, und... verbrauchte eine Menge Kraft und Energie - man darf nicht vergessen, wir befanden uns jeden Tag ein Stückchen höher, immer Richtung *Ganda La Pass* - 4.950 m - und später *Nimaling*

Hochplateau - 5.000 m - und *Langmaru* - La - 5.300 m.

Unser Weg führte uns weiter von Jimchen über *Rumbagh* nach *Yurutse*. Die Überquerung des *Ganda-La* war eine weitere Herausforderung. Da würde sich zeigen, ob die vielen Stunden im Fitness-Center auch etwas gebracht haben und der Abstieg über *Shingo*, wo sich der Weg gabelte: *Zanskar* oder *Markha Valley* und dann *Hemis Gompa*. Von hier aus könnte man noch weiter in die Bergwelt vordringen, nämlich nach *Zanskar*, *Padum* ... Wir aber hatten uns für *Markha* bzw. *Hemis* entschieden. Abwechselnd sah man alte Ruinen, Chörten und Manimauern, die die sonst so eintönige Wegstrecke schmückten. Von *Shingo* aus ging es flott weiter, denn wir hatten unsere Körper bereits gestählt durch die erste große Herausforderung, die wir mit Bravour bestanden hatten, - nach *Skio*, *Charlar*, nach *Markha*, immer am *Markha-Fluss* entlang. Die häufige Überquerung war sehr lästig, jedes Mal mussten die Schuhe aus- und wieder angezogen werden.

Markha ist ein größerer Ort, wenn man überhaupt von groß sprechen kann, mit einer Gompa, die eigentlich in keinem Ort fehlen durfte. In der Ebene reifte die Gerste, die die kleine Gemeinde versorgen sollte. Das war eigentlich der erste richtige Kontakt zu den Ladakhis, die uns in ihre Behausungen einluden. Hin und wieder trafen wir auch auf unserem einsamen Wege auf Menschen, fast wie aus dem Himmel gefallen, die winkend und immer ein fröhliches *Julley* auf den Lippen habend auf uns zu gerannt kamen. Sie begleiteten uns dann ein gutes Stück des Weges, einfach nur froh darüber, etwas Gesellschaft genießen zu können. Leider verstanden unsere Führer ihre Sprache nicht.

Ladakhi ist eine tibetische Sprache mit eigener Grammatik, die regional sehr unterschiedlich sein kann. Über Jahrhunderte war das *Ladakhi* nicht niedergeschrieben. Für Texte, meist religiöse, wurde das Tibetische herangezogen. Erst in den vergangenen Jahren hat man begonnen, das *Ladakhi* zu vereinheitlichen und ihm ein grammatisches Gerüst zu geben. Die Mönche fanden das allerdings nicht so prickelnd, sie fühlten sich damit ihrer Macht entraubt. Das Niederschreiben in der Umgangssprache würde sie ihre Expertenstellung kosten.

Aber zurück zu den Menschen in *Markha.* Es ist unglaublich wie diese Menschen in diesem abgeschiedenen Teil der Welt und in dieser Einöde leben können und wollen. Ich frage mich, wie sie Freundschaften pflegen zu den in anderen und weit entfernt liegenden Dörfern Lebenden, wie sie es im Winter bei vierzig Grad Minus schaffen, sich zu beköstigen, das Vieh zu verpflegen. Was tun sie, wenn ein Baby geboren wird? Man muss sich ihre Behausungen so vorstellen: gebaut aus geformten und getrockneten Mistziegeln, zumindest auf dem Land. Die Räume sind verräuchert, auf dem Boden liegt verstreute Asche, denn gekocht wird auf offenem Feuer. Dazu verwenden sie auch die Mistziegel. Für das Nachtlager dienen dicke

Decken, die zusammengerollt auf dem Boden liegen. Außer den wenigen Kochutensilien, die an den Wänden hängen oder in einem aus Mist und Lehm geformten Regal stehen, gibt es nichts, was eine Stube gemütlich macht. Sie sind die reinsten Minimalisten. Die Kleidung wird nur sehr selten gewechselt. Nur bei Festlichkeiten werden Stoffe, Ringe, Hüte, Ketten hervorgeholt; auch *Ladakhi*-Frauen haben das Bedürfnis, sich zu verschönern. Das Schmuckstück gilt als Sparkasse. Generationen haben sie Türkise und Korallen zusammengetragen, die einige Frauen auf ihren eigenwilligen Hüten tragen. Es sind Erbstücke, die die soziale Stellung der Trägerin widerspiegelt. Das Gold stammt aus den Flüssen, das Silber aus Minen und die Korallen wurden jahrhundertelang aus Italien eingeführt.

Markha war für uns eine willkommene Abwechslung, und ein Tag zum Ausruhen tat uns gut. Das Hochplateau des *Nimaling* auf 5.000 m und der *Langmaru La* auf 5.300 m lagen in Sichtweite und würden uns in den kommenden Tagen viel Kraft abverlangen. Doch erst einmal ging es stetig bergauf nach *Hangkar*, wo uns ein herrlicher Ausblick auf die umliegenden Bergen und die Ruine eines alten Königspalastes geboten wurde, und dann weiter nach *Tochuntse*, einem kleinen Ort, der uns eine gute Campingmöglichkeit zu bieten hatte. Oft war es sehr schwierig einen geeigneten Schlafplatz zu finden. Er musste weich und eben sein und möglichst einen kleinen Bach oder eine Quelle in der Nähe haben, oft ein schwieriges Unterfangen. Nicht selten wurde auf

Reinlichkeit verzichtet, und wir mussten auf eine günstigere Gelegenheit warten.

Der nächste Tag brachte uns dann den richtigen Kick; *Nimaling*, ein Hochplateau auf 5.000 m, überragt von einem Gletscher, die Sommerweide der Yaks. Die Hüter schliefen ob der Kälte, die hier oben herrschte, in halb unterirdischen Behausungen.

Es war ein gleichmäßiger Aufstieg, der aber immer langsamer wurde, je höher wir kamen, mit einem tollen Ausblick in die Gletscherwelt, vorbei an einem kleinen See, der glitzernd sich von der sonst so steinigen Landschaft hervorhob. Die Luft war dünn, die Kälte kroch uns in die Knochen, das Herz raste. Und unseren Beinen zollten wir unsere gesamte Aufmerksamkeit; die Muskeln wollten nicht mehr so recht mitmachen. Der Gedanke *"Was machen wir eigentlich hier oben?"* war ein stetiger Begleiter, und eigentlich wollten wir uns nur noch auf den Boden schmeißen und schlafen. Doch klar, wir erreichten das Hochplateau, - uns blieb ja gar nichts anderes übrig.

Überall, wo man nur hinschaute, grasten die Yaks oder sie lagen wiederkauend auf der Erde. Ein faszinierender Anblick. Mit ihrem schwarzen, zotteligen Fell sahen sie wirklich furchteinflößend aus. Wo sollten wir da nur zelten? Für die Bewohner sind die Yaks ein wichtiger Überlebens-Faktor. Sie liefern fette Milch, sie liefern Wolle, sie liefern Fleisch und sie sind die Träger ihrer Lasten, die durch die unzugängliche Bergwelt transportiert werden müssen. Die *Ladakhis* sahen dünn und zäh aus, aber nie unterernährt.

Die Frage nach unserem Zeltplatz war schnell geklärt, es gab ja keine Alternative. Das Plateau war eben, nur störend waren die Yaks, die immer näherkamen, während wir versuchten uns häuslich niederzulassen. Als ich dann endlich in unserem Zelt lag und das Schnaufen und Kratzen um mich herum hörte, wusste ich nicht, ob ich in Tränen ausbrechen sollte, - bestimmt aber war das nur ein kleiner Anflug von Höhenkrankheit. Am Ende verließen dann doch ein paar Tränen den Besitzer. Es war eine eisige, sehr unruhige Nacht. Wir waren ständig in Sorge, die Yaks könnten unsere Zelte überrennen. Dass sie ganz in unserer Nähe waren, verrieten ihre unheimlichen Geräusche. Vielleicht war auch die dünne Luft Auslöser unseres Unwohlseins.

Dreihundert Höhenunterschied lagen noch vor uns. Der *Langmaru-La* ragte vor uns auf wie eine drohende Herausforderung. Deshalb gab es an diesem Morgen ein stärkendes und köstliches Frühstück: Eier mit Speck und Brot aus der Dose. Wir Vier, Ingrid, Werner, Otto und ich, schmatzten und dachten in diesem Moment nicht an die Strapazen. Der *Langmaru* war ein vom Wind fast kahl gefegter Berg. Hier und da lagen ein paar Felsbrocken herum, und auch ein paar Blümchen kämpften ums Überleben. Als wir dann den Gipfel erreichten, waren wir nicht nur hoch, nämlich auf 5.300 m, sondern auch in einer Hochstimmung, die unbeschreiblich war. Wir fielen uns in die Arme und klopften uns auf die Schulter. Endlich hatten wir es geschafft, endlich ging es wieder bergab. Umso allein auf dem Dach der Welt stehen zu können, dem Himmel so nah, in Ruhe und Einsamkeit, dazu gehörte schon eine große Portion Selbstvertrauen. Wir alle müssen davon viel gehabt haben. Denn was alles unterwegs hätte passieren können, diesen Gedanken haben wir beiseitegeschoben, - es durfte einfach nichts passieren. Auf jeden Fall war es ein beruhigendes Gefühl, Dr. Werner Bieber an unserer Seite zu haben.

Der Abstieg nach *Chokku* war weniger schön; immer auf einer Schotterpiste entlang und später in einem fast ausgetrockneten Flussbett. Dann fing es auch noch an zu schneien. Die Flocken wirbelten um uns herum, als wir unser Zelt aufstellten. Am nächsten Morgen überraschte uns dann ein weißer Teppich. Je tiefer wir jedoch kamen, umso freundlicher wurde das Wetter. Eigentlich hätte es gar nicht schneien dürfen, so versicherte uns *Toshi*. Es war ein Wetterphänomen. Der Weg nach *Sumdo* und *Martselang* hatte noch einige Überraschungen in petto. Unseren Weg versperrte eine Steilwand, an der außen ein nur zwei Meter breiter Pfad nach oben führte. Ich habe Höhenangst, und ich konnte mir nicht vorstellen, überhaupt einen Schritt weiterzulaufen. *Toshi*, in seiner ruhigen Art, führte mich ganz langsam, händchenhaltend, an der Felswand nach oben. Das klingt sicher sehr seltsam, wenn ich von Höhenangst spreche, und gleichzeitig aber im Himalaya auf Trekkingtour gehe. Doch diese Wand war außergewöhnlich, sie bot keinerlei Sicherheit zur Seite, da ging es nur noch steil in den Abgrund.

Ich könnte noch vieles berichten! Doch alles hat einmal ein Ende. Und auch hier, nämlich als wir in *Hemis Gompa* unbeschadet ankamen. *Hemis Gompa* war das Kloster, das wir bereits vor unserer Trekkingtour mit dem Jeep besucht hatten. Wir ließen alles auf den Boden fallen und uns obendrauf, glücklich, es endlich geschafft zu haben. Und vor lauter Freude darüber, kochten wir uns noch ein allerletztes Mal ein Süppchen. Als wir gerade dabei waren, dieses schlürfend zu genießen, kam ein stinkender Hammel herbei, der uns die ersten Minuten der Freiheit so richtig vermieste. .... Freiheit deshalb, weil wir nicht mehr bestimmt wurden durch die Zeit, in der eine bestimmte Distanz zurückgelegt werden musste, durch die Sonne, die uns zwang, noch vor ihrem Untergang einen Zeltplatz zu finden. Wir wären in ein paar Stunden in *Leh* und würden heute Abend wieder in einem richtigen Bett schlafen. Wir würden uns den Schmutz von fast drei Wochen abwaschen, würden uns in Gedanken von Sven Hedin, Schlagintweit, Edmund Hillary, Heinrich Harrer, unseren Vorbildern, verabschieden und wären bald wieder ein ganz normales Tourie-Pärchen, -

UND SO WAR ES DANN AUCH!

Zweiter Teil - NEPAL

Zu den beliebtesten Touristenzielen im Himalaya hat sich Nepal entwickelt. Nachdem wir unsere Leidenschaft zum Trekken entdeckt hatten, damals war es *Ladakh*, hatten wir uns in diesem Jahr für eine weniger spektakuläre Tour in Nepal entschieden. Das kleine Hindu-Königreich, das einzige in der Welt, hatte andere Attribute vorzuweisen.

Da war einmal das *Kathmandu*-Tal mit seinen vor 250 Jahren drei größten Königreichen: *Kathmandu*, *Bhaktapur* und *Patan*. Damals gab es mindestens fünfzig solcher Feudalherrschaften. Da war der Hindutempel *Paschupatinat* am heiligen *Bagmati-River*, wo Verbrennungen der gläubigen toten Hindus stattfanden, da war *Pokhara* mit seinem *Phewa*-See, und da waren die Berge mit der *Annapurna*-Gruppe zwischen 8.091 m und 7.200 m und dem Dhaulagiri 8.167 m, dem *Machhapuchhare* 6997 m und dem *Manaslu* 8156 m. Dieses alles kennenzulernen, das war unser Ziel. Natürlich war unser Hauptanliegen, die vor uns liegende Bergwelt zu erobern.

1768 gelang es dem Herrscher des kriegerischen Fürstentums *Gorkha* Nepal zu vereinen, das damals *Gorkha* hieß. Erst Anfang des 20. Jh. bekam es den heutigen Namen *Nepal*. Dass Nepal seine Unabhängigkeit bewahren konnte, verdankt es Großbritannien, das als Herrscher über Indien erst die Expansion lüsternen Nepali besiegte, und dabei großen

Respekt vor dem Kampfesmut und der Todesverachtung der *Gurkha*-Soldaten gewann, danach aber Nepals Existenz als Puffer gegen Tibet und China schätzen lernte. Als Indien 1947 unabhängig wurde, sah sich Nepal seines Schutzherrn beraubt und in Gefahr, von Indien annektiert zu werde. 1955 trat Nepal deshalb den Vereinten Nationen bei. Seitdem wird seine Existenz als souveräner Staat anerkannt. Was in diesem kleinen Land bis heute alles passierte, ist so vielseitig, dass es besser in einschlägiger Literatur nachgelesen werden sollte.

Ein Besuch im Tal von *Kathmandu* mit den drei Königstädten ist eine Reise ins Mittelalter, ein Ausflug in ein wieder unvergleichbares, lebenspralles Museum. Die vielen Tempel, Stupas, heiligen Orte und Götterstatuen sind allesamt Zeugnis einer tiefen lebendigen Religion. In *Kathmandu*, dem alten Handelszentrum zwischen Tibet und Indien, fließen viele geistige Strömungen zusammen: Hinduismus, Buddhismus (der Geburtsort von Buddha ist *Lumbini*) und die Kulturen Indiens, Chinas und Zentral-Asiens. Dass der Hinduismus in Nepal als Staatsreligion gilt, hat keinen Nachteil für die Andersgläubigen. Die Nepali sind in Fragen der Religion sehr tolerant. So finden sie nichts dabei, dem Weg Buddhas zu folgen und gleichzeitig den hinduistischen Göttern zu opfern. Strenggläubige Hindus möchten nach ihrem Tod im Tempel von *Pashupatinath* am heiligen Fluss *Bagmati* verbrannt werden. Nicht-Hindus ist der Zutritt zum Tempelbezirk verwehrt.

Nach unserer Ankunft in *Kathmandu*, es war im Oktober 1983 - unser Trekking-Permit war am 24.10.1983 für *Pokhara* ausgestellt worden - machten wir uns sofort erst einmal auf, soviel wie möglich zu erkunden. Am beeindruckendsten war für uns der Tempelbezirk, das Herzstück *Kathmandus*, mit dem alten Königspalast, den Tempeln und Pagoden, steinernen Säulen und hölzernen Prachtfenstern, den Götterfiguren und den vielen anderen Statuen. Doch leider war unsere Zeit begrenzt. Als erstes mussten wir uns um zwei Sherpas kümmern. Hauptsächlich waren wir ja nach Nepal gekommen, um zum engsten und tiefsten Tal der Erde, das vom *Dhaulagiri* und dem *Annapurna*, beide über 8.000 m hoch, gebildet wurde, zu trekken. Wir wohnten im Stadtteil *Thamel*, einem der wichtigsten Tramper-Treffs von *Kathmandu*, in einem tibetischen Guesthouse. Es war deshalb nicht schwierig, die richtige Information zu erhalten, und eins fix drei hatten wir unsere zwei Sherpas gefunden, die uns begleiten bzw. unser Gepäck tragen sollten.

Die "Sherpas" sind ein Volk, das vor drei- bis vierhundert Jahren aus der Kulturregion *Kham (Qando)* und *Garze* in den Zentral- und Süd-Himalaya eingewandert sind. Sie leben hauptsächlich im Osten Nepals im *Solo-Khumbu*. Die Höhe des Vorlandes von über 3.800 m zwang den Bewohnern eine ganz bestimmte Form der Wirtschaft auf, nämlich den Karawanenhandel mit Tibet. Insofern eignen sich diese Menschen besonders gut als Führer und Träger. Sie sind größtenteils Buddhisten und sprechen ihre eigene Sprache.

Und wir hatten zwei vortreffliche Burschen, mit denen wir sogar ein klein wenig in englischer Sprache kommunizieren konnten.

Eine fünfstündige Busreise nach *Pokhara* lag noch vor uns, eine kurvenreiche und mit Schlaglöchern durchsetzte Strecke, zum Großteil am *Seti-Kola* entlang, bevor wir unseren Trek beginnen konnten. Wir machten zwei Tage Rast und wohnten in dem alt ehrwürdigen, einst von den Engländern erbauten, *Hotel Christal*. Von da aus sah man auf die Kette der 8.000er.

Kaum irgendwo auf der Welt waren die Bergriesen so zum Greifen nahe. *Pokhara* auf 900 m Höhe, ein kleiner Ort, gelegen am *Pewa*-See, subtropischen Klimas mit Bananenstauden und Zuckerrohr, ist der Ausgangspunkt für viele Trekkingtouren.

Und so starteten wir mit unseren beiden Sherpas in Richtung *Ghorepani*-Pass auf 2.834 m, *Tatopani*, *Jomosom*, über *Naudanda*, wo wir eine Hängebrücke, die über einem reißenden Fluss führte, überqueren mussten. Vertrauenserweckend sah die nicht gerade aus. Einige Bretter fehlten bereits an der an Tauen hängende Konstruktion. Man musste höllisch aufpassen, nicht in die Löcher zu treten und dann in die Tiefe zu stürzen.

Ansonsten war es ein relativ bequemer Aufstieg bis *Birethanti*, wo es über unendlich viele hohe Stufe, fast zwei Stunden lang, nach *Ulleri* ging. Unterwegs haben wir in kleinen Gasthäusern (Holzhütten) genächtigt und gegessen, d.h., das Essen bestand meist nur aus Dal Bat (Reis und Linsen). Wir haben versucht, in unseren Schlafsack gewickelt und auf harten Brettern liegend etwas Schlaf zu finden. Mit der Zeit waren wir jedoch abends so müde, dass wir selbst im Stehen hätten schlafen können. Das Ganze hat nur 50 Pfennige gekostet. Von *Ulleri* aus war es nicht mehr sehr weit zum *Ghorepanin* Pass, der auf 2.834 m lag. Doch da es stetig bergauf ging, dauerte es seine Zeit, bis wir erschöpft in einem überfüllten Guesthouse ankamen. Überall hingen Socken zum Trocknen vor den Feuerstellen, - ein wohl merkwürdiger Anblick. Wir konnten von Glück reden, überhaupt noch ein Bett zum Schlafen ergattert zu haben. Abgeteilt waren die Räume nur durch Latten, durch die man auf die anderen spähen konnte. Auf Privatsphäre musste verzichtet werden. Die Hauptsache war, wir konnten uns ausruhen, austauschen mit den anderen Trekkern und unseren Magen gefüllt bekommen.

Von *Ghorepani* ging es in einem zweitägigen Marsch bergab über ein Geröll-Feld nach *Tatopani*, wo man sich in heißen Quellen endlich einmal so richtig abschuppen konnte. Welch' eine Wohltat! Wir genossen den Luxus zwei volle Tage, bis es dann leider weiter nach *Dana*, *Ghasa*, *Lete*, *Dhumpa* und in ein Seitental, Richtung *Dhampus Pass* nach *Tukuche*, unserem Endziel ging. Hier befanden wir uns zwischen dem *Dhaulagiri* 8.167 und dem *Annapurna* 8.091 m. Die beiden Gipfel sind nur 35 Kilometer voneinander entfernt, dazwischen liegt der Talboden des *Kali Gandaki-Flusses* auf 2.400 m, also rund 5.700 m Höhendifferenz, und das auf kleinstem Raum. Es ist eines der tiefsten Durchbruch-Täler der Welt.

Die einzige Unterkunft befand sich mittendrin. Wir bekamen eine kleine, durch Bretter abgegrenzte Ecke, ansonsten lagen in einem großen Raum viele Sherpas nächtigend auf dem Fußboden. Über die musste ich des Nachts klettern, um nach draußen zu gelangen. Ich suchte mir ein Plätzchen zum Puschen inmitten eines Schneefeldes. Der Vollmond schien von einem sternenklaren Himmel. Links der *Dhaulagiri*, rechts der *Annapurna*, diesen Anblick werde ich wohl nie vergessen, sensationell. Majestätisch ragten die beiden Riesen neben mir ins Unendliche.

Zurück mussten wir leider fast den gleichen Weg beschreiten. Als wir endlich wieder auf dem *Ghorepani-Pass* anlangten, bekam Otto plötzlich einen geschwollenen Fuß und passte fortan nicht mehr in seine Wanderschuhe. Alle möglichen Mittel, seinen Fuß zum Abschwellen zu bewegen, waren vergeblich. Selbst ein Bad aus Currypaste, das unsere Sherpas ihm empfahlen, half nichts. Und so musste er, man kann es kaum glauben, in Gummilatschen den Rest des Weges bewältigen. Dolviran half ihm über die größten Schmerzen hinweg. Er hatte es geschafft in *Pokhara* anzukommen. Was hätte er auch sonst tun können? Naja, die Sherpas hätten ihn bestimmt getragen. Die Strecke mit dem Bus nach *Kathmandu* war dann nur noch eine angenehme Erholung.

Und so kam es, dass ich mich nach Ankunft allein auf den Weg zu Nepals heiligstem Tempel und bedeutendstem Hindu-Heiligtum *Pashupatinath* aufmachte. Er steht nach der Legende dort, wo Shivas Penis zur Erde fiel. Dieser Platz ist nur für Hindus, die im heiligen Fluss *Baghmati* badeten, zugänglich. Flussabwärts gibt es einige *Burning Ghats*, wo Tote verbrannt werden und deren Asche in den Fluss gestreut wird. Für Touristen war das gegenüberliegende Flussufer vorgesehen. Doch ohne dass ich es registrierte, befand ich mich just in dem für Nicht-Gläubige verbotenen Bezirk. Es war eine sehr gruselige

Atmosphäre, und es stank nach den verbrannten Menschen. Das ließ mich schnell den Ort wieder verlassen. Wie gut, denn hätte man mich entdeckt, hätte ich richtigen Ärger bekommen.

Besonders spektakulär muss es sein, wenn *Maha Shivaratri* gefeiert wird. Zu diesem Fest kommen Tausende von Pilgern und *ausgeflippten* Sadhus aus Indien. Sie lagern rund um *Pashupatinath*, nachts am Kuhdungfeuer sitzend, und singen Hymnen, machen Musik und rauchen Ganja.

Wir hatten einen tollen Trek, hatten viel gesehen, und wollten unbedingt noch einmal an all diese malerischen Plätze zurückkehren! ...

Ein Jahr später, 1984, aber dieses Mal suchten wir uns den Frühling aus, machten wir den Trek in etwas abgewandelter Form noch einmal.

Es war Winter, und der zugefrorene Schlachtensee in Berlin animierte uns und unsere Freundin Ingrid zu einem Spaziergang auf dem Eis. Natürlich prahlten wir von unserer bevorstehenden Reise nach Nepal, die im März stattfinden sollte. Eifersucht ist eine mächtige Motivation, um schnelle Entscheidungen zu treffen. Nachdem Ingrid uns eine Weile beneidet hatte, ob der zu erwartenden sensationellen Tage in Nepal, schoss ihr wie von der Tarantel gestochen die Worte *"Ich komme mit!"* aus dem Mund. *"Wenn ich noch einen Flug nach Kathmandu bekomme, könnt Ihr mich als Euer Anhängsel buchen."* Naja, so begeistert waren wir eigentlich nicht, denn mit Freunden gemeinsam Urlaub zu gestalten, ist nie ein einfaches Unterfangen. Doch im Nachhinein hätte es nicht besser funktionieren können. Wir hatten viel Spaß miteinander.

Ingrid war dann schon zwei Tage vor uns in Nepal und erwartete uns sehnsuchtsvoll. Einige Regeln mussten noch besprochen, und unsere Sherpas gefunden werden. Dann ging es los. Ich übernahm die Kasse, da die Preise für Unterkunft, Tee, Tal Bat und hin und wieder eine Zigarette, die man in den Bergdörfern einzeln kaufen konnte, nur Pfennigbeträge ausmachten, als auch die Führung anhand eines Trekking-Gides, mit dem ich mich bereits in Deutschland auseinandergesetzt hatte, und wusste immer, wo es langgehen sollte, natürlich in

Absprache mit unseren drei Sherpas. Ich hatte den Trekking-Gide, und sie hatten die Erfahrung.

Wir begingen den Trek fast ähnlich wie in dem Jahr davor, nur machten wir dieses Mal einen weiten Bogen um die vielen Stufen von *Birethanti* nach *Ulleri*. Wir liefen über *Landrum, Gandrum* zum *Ghorepani-Pass*. Das waren Orte, die auf kahlen, nur mit Gras bewachsenen Bergrücken lagen. Hin und wieder sah man weidende Schafe. Und genau da überraschte uns ein so heftiges Gewitter, dass wir um unser Leben bangten. Wir krochen am Boden entlang, um dem Blitz nur keine Angriffsfläche zu bieten, bis wir endlich eine Holzhütte entdeckten, in die sich auch andere Hirten geflüchtet hatten. So ein Gewitter hatte noch keiner von uns erlebt. Bevor wir den *Ghorepani-Pass* erreichten, hatten wir bzw. unsere Führer sich auch noch in einem Rhododendron-Wald verirrt, der aussah, als stände er in Flammen. Die riesigen fünf Meter und mehr hohen Bäume erstrahlten in voller, roter Blüte. Aber wären wir nicht vom Wege abgekommen, hätten wir das Schauspiel sicherlich verpasst.

Für die Strecke von *Ghorepani* nach *Tatopani* brauchte man üblicherweise zwei Tage. Ich hatte die Abzweigung, wo es zu unserem Nachtlager, einem kleinen Gasthaus, gehen sollte, verpasst, und so musste ich die Tour in einen Tag pressen. Otto und Ingrid hätten mich beinahe gekillt, denn weit und breit gab es keine Möglichkeit zu übernachten. *Tatopani*, mit seinen heißen Quellen, war auf dieser Tour eine willkommene erquickende Entschädigung für den entgangenen Stopp.

Zurück nach *Pokhara* sind wir entlang des *Kali Gandakis* gelaufen. Das war eine angenehme nasse Abwechslung, konnten wir uns doch nach den anstrengenden Märschen am Abend immer ein erfrischendes Bad gönnen. Welch ein Luxus!

Der Weg führte von *Tatopani* nach *Tikot*, *Beni*, *Khandiyagal*, *Kusma* nach *Lankuri*. Von da aus brachte uns ein Bus zu der von den Chinesen gebauten Hauptstraße, die von *Butwal* nach *Pokhara* führte. Der Bus war bereits von innen als auch von außen so voll bepackt, dass uns nur noch ein kleines Plätzchen oben auf dem Dach zwischen Säcken von Reis und Gemüse, Käfigen von Hühnern ... und, und, und ... zur Verfügung stand. Auf der bergigen, kurvenreichen Strecke sahen wir uns nicht nur einmal bereits im Abgrund landen. Nach einer Übernachtung in *Pokhara* ging es dann zurück nach *Kathmandu*.

Ausgerechnet an diesen Tagen wurde überall in Nepal "*Holi*" gefeiert. *Holi* bedeutet: Fest der Farben, Krishna mit den *Gopis* beim Spiel der Farben. *Holi* ist ein, aus der hinduistischen Überlieferung stammendes, indisches Frühlingsfest. Es markiert die Botschaft des Triumphes des Guten über das Böse; und in der Natur Sieg des Frühlings über den Winter. An diesen Tagen scheinen alle Schranken durch Kasten, Geschlecht, Alter und gesellschaftlichen Status aufgehoben. Es wird ausgelassen gefeiert und man besprengt sich mit gefärbtem Wasser und gefärbtem Puder. Auch wir wurden nicht verschont. Weder auf der Busfahrt noch des Nachts, als wir saumüde nach der langen Fahrt in unseren Betten lagen. Ein höllischer Lärm, direkt unter unserem Fenster, das zum Hof hinausführte, legte das Denken lahm und mit Schlaf war nicht zu rechnen. Eine große Anzahl von berauschten Menschen sangen, tanzten wie wild, spielten auf mannigfaltigen Instrumenten und begossen sich mit Wasser. Ich kippte auch einige Eimer Wasser auf sie herab, womit ich aber nur noch mehr Lärm auslöste. Otto nahm seine Matratze und schleppte sie hinter den Tresen des Gästehauses. Ingrid, unsere Apothekerin, nahm zwei Schlaftabletten und war am nächsten Morgen nicht wach zu bekommen.

Ich hatte unsere Koffer gepackt. Der erste Condor-Flug von *Kathmandu*, der stattfand, sollte uns am nächsten Morgen nach *Goa* bringen, wo weitere vier Wochen Erholung auf uns warteten.

Otto war erholt, er hatte unter dem Tresen gut geschlafen, ich war voller Vorfreude, auch wenn ich in dieser Nacht kein Auge zugetan hatte, und Ingrid blinzelte uns nur mit einem Auge an, das andere war gelähmt ob der zwei Schlaftabletten, als es ans Abschiednehmen ging.

Ihren Spruch *"Ich wusste ja, dass Ihr verrückt seid, aber dass Ihr so verrückt seid, diese Trekkingtour gleich zweimal zu machen, das ist mir erst jetzt klargeworden!",*

WERDE ICH WOHL NIE
VERGESSEN!!!!!

Tauchen

Erster Teil - Wie ich in ISRAEL die Liebe zum Tauchen entdeckte

Otto und ich hatten drei Wochen Israel gebucht, d.h. zwei Wochen Hotel in *Elat* und eine Woche mit dem Kommandocar durch den *Sinai*, der damals noch zu Israel gehörte, - geschlafen wurde unter freiem Himmel, aber dazu später.

Wir befanden uns auf dem Flug nach Israel, in dem sich auch das Paar Heidi und Ivar befanden, und die wir noch im Laufe des Urlaubs näher kennenlernen und die später einmal zu unseren guten Freunden zählen sollten.

Beide fielen mir allerdings erst einmal sehr unangenehm auf: Heidi saß in ihrem Sitz so aufgebretzelt, als flöge sie zu einer Audience bei der Queen und nicht zu einem Rendezvous mit Sonne, Wasser, Sand. Ivar starrte mich stattdessen an, als käme ich vom Mond, als ich an seinem Sitz vorüberging. Gottseidank, so dachte ich damals, checkten wir in unterschiedlichen Hotels ein.

Aber, als wäre es vorbestimmt, trafen wir die beiden am Strand wieder. Ivar hatte in der einen Hand einen aus der Reuse befreiten Fisch und in der anderen seine Heidi, die sich in einen normalen Urlauber verwandelt hatte. Wie sich herausstellte, war Ivar ein Taucher per excellance; er agierte u.a. als Rettungstaucher. Naja, ich konnte nur meine Ohren spitzen, die immer länger wurden bei der Erwähnung von Wasser, Tauchen, Fischen, Boot..., und so legte ich meine ursprüngliche Ablehnung den beiden gegenüber ab.

Wir verabschiedeten uns mit dem Versprechen, in der darauffolgenden Woche gemeinsam ein Auto zu mieten, um zu den Jordanien gegenüberliegenden Tauchgründen zu kommen. Ivar hatte sich eine Tauchflasche gemietet und wollte die traumhaften Riffe abschnorcheln bzw. abtauchen.

Wir allerdings sollten erst einmal mit einem Kommandocar die Sandwüste, die sich Sinai nannte und die zu der Zeit noch zu Israel gehörte, durchqueren. Das war eine abenteuerliche Angelegenheit, hieß es doch, des Nachts auf Sand gebettet unter dem Sternenzelt zu nächtigen. Wir schaukelten also, tagsüber sitzend auf Bänken im offenen Wagen, durch die Einsamkeit der Wüste.

Höhepunkt der einwöchigen Tour war die Besteigung des *Bergs Moses*, die bei Vollmond und bitterer Kälte stattfand und den wir bei Sonnenaufgang erreichten.

Das Schauspiel, das die aufgehende Sonne in den roten Sandsteinwänden vollführte, war atemberaubend. Wie fasziniert war ich von der Weite, der Leere, der Lautlosigkeit; das gab mir das Gefühl, allein zu sein auf dieser Welt. Der Abstieg über die viertausend Stufen zum *Katharinen-Kloster* war nicht minder beeindruckend.

Unsere Gruppe war international, das konnten wir bei dem allabendlichen Spiel *"who is who"* feststellen, während wir um das Lagerfeuer herumsaßen und unser Abendessen zu uns nahmen. Da saß Isaak aus Oklahoma links von mir, rechts saß Izze aus Boston, oder John aus England ... und, und, und... Und um uns namentlich kennenzulernen, mussten wir all die Namen aufsagen, beginnend mit seinem eigenen, das verlief dann so: *Ich bin Rosmarie aus Berlin, neben mir sitzt...* Das witzigste war allerdings die Speisung der Gruppe. Zu Beginn der Reise nahm sich jeder eine der angebotenen Dosen vor, z.B. Humus, Fisch, Bohnen und löffelte sie alleine aus. Später ging man dann nur noch mit seinem Löffel herum, und fischte in fremden Töpfen. Das Ganze war ein köstlicher Spaß, der die Gruppe fest zusammenschweißte.

Die Touristen mit einem Kommandocar durch den Sinai zu karren, war damals die Art und Weise, wie man Menschen für sein Land interessiert machte. Und so gab es mehrere Touren, die sich hin und wieder an markanten Orten trafen.

Nach unserer Rückkehr von der Reise durch den Sinai hielten wir unser Versprechen und mieteten mit Ivar und Heidi einen Käfer, der uns zu den schönsten Riffen entlang der Sinaihalbinsel bringen sollte; für Schnorchler das Eldorado schlechthin. Ich war so fasziniert von der Vielfalt der Fische und Farben, all das war nur ein paar Meter vom Ufer entfernt. Ivar, dem meine Begeisterung nicht entgangen war, bot mir seine

Tauchflasche zum kurzen Abtauchen auf sechs Meter Tiefe an, die ich begeistert annahm. Erst musste ich allerdings lernen über die Tauchflasche zu atmen. Die Technik war schnell erlernt und so ließ ich mich an Ivars Hand in die für mich noch unbekannte Tiefe bringen. Was für ein Abenteuer, was für eine Faszination, mich so ganz allein zwischen den um mich herumschwimmenden Fischen wahrzunehmen. Ich konnte nur staunen. An Angst war nicht zu denken. Ivar tauchte, wie versprochen, hin und wieder zu mir hinab. Meine Flasche war leider sehr schnell leer - das langsame Atmen musste ich wohl noch etwas verfeinern.

So begann meine Liebe zur Taucherei. Otto, der in früheren Jahren schon viel getaucht war, versprach mir eine Reise nach *Thailand*. Und damit begann eine Verpflichtung, der man nichts entgegen zu setzen hatte; es wurde zum absoluten Muss.

Bei Maritta und Klaus, die eine Tauchbasis "Poseidon" auf *Phuket* betrieben, der ersten übrigens auf der Insel, die gerade einmal zwei größere Hotels, nämlich das *Phuket Island Resort* und das *Patong Beach*, vorzuweisen hatte, fand ich dann meine besten Lehrmeister.

Wir kamen also in Bangkok an, flogen dann mit einer zweimotorigen Maschine weiter nach *Phuket*, wo wir drei Wochen in der Tauchschule *Poseidon* gebucht hatten. Klaus wollte natürlich unsere Tauchpässe sehen. Was ich allerdings vorzuweisen hatte, war gerade einmal mein Mut und das, was ich in Israel gelernt hatte, also nicht viel. Und so sollte ich erst einmal mit einem *Beginnerkurs* anfangen. Die Zeit war kurz bemessen, ich hätte auch all die Tage allein verbringen müssen, während Otto sich im glasklaren Wasser auf Unterseeabenteuer hätte begeben können. Und so bettelte ich um einen „Versuch", mich mit zum Tauchen zu nehmen. Vorher übte ich noch mit Otto im seichten Wasser Wechselatmung, Maske ausblasen, auf- und absetzen derselben, was ich dann Klaus - und er konnte sagen: "gekonnt" - vorführte.

Ich sehe heute noch die Schmetterlingsbucht vor mir, in der alles anfing. Ich an Klaus Tauchflasche klebend, wie ein Pilotfisch, begann mein Abtauchen auf ca. fünfzehn Metern Tiefe. Probleme gab es noch mit dem Austarieren meines Tauchgürtels. Entweder ich lag flach auf dem Boden oder ich schwebte darüber, weil das Gewicht zu gering oder zu viel war. Aber irgendwann hatte man mich mit so viel Steinen be- und entschwert, dass ich einigermaßen parallel neben Klaus her paddeln konnte.

Aufregender hätte es nicht kommen können. Ein Liebesspiel zwischen zwei Sepias spielte sich direkt vor meinen Augen ab; das war ein guter Lohn für meine Hartnäckigkeit. Und was dann noch kam, hätte eigentlich meinen Herzschlag aussetzen lassen müssen. Wir schwammen durch eine Verengung und plötzlich tauchten, wie aus dem Nichts, fünf Weißspitzen-Haie der Größe von ca. drei Meter auf. Doch in diesem Moment dachte ich mir, dass Klaus bestimmt wohl schon viele solcher Situationen gemeistert hätte, und ich blieb ganz cool, hing ich doch an seiner Flasche bzw. Hand die ich ertastete und fortan nicht mehr losließ.

Unsere Gruppe: Ossi, Hicki, Gertrud, Peter, Gerda, das rote Michelinmännchen, Mike, der schweizer Redakteur, hatten bei diesem Tauchgang ähnliches erlebt, und so stieg einer nach dem anderen aufgeregt plappernd aus dem Wasser.

Ich sollte aber etwas ausführlicher über die Anfänge berichten:

Klaus und Maritta betrieben die Tauchbasis *"Poseidon"* auf Phuket, die innerhalb des *Phuket Island Resorts,* das später einmal umgebaut und vergrößert zu einem Fünf-Sterne-Hotel *"Everson"* avancieren sollte, untergebracht war. Sie besaßen zwei Fischerboote, mit denen sie die kleinen, in der *Andamanen-See* liegenden Inseln und Atolle anfuhren. Da waren z.B. *Doc May, Ko Raja ya, Ko Raja noi,* Schmetterlingsinsel, *Koh Phi, Similan, Kata* usw. Die Tauchflaschen und die dazugehörenden Lungenautomaten waren vorsintflutlich. Man musste sich die Flaschen ohne Schale auf den Rücken schnallen, und die Lungenautomaten waren auch nicht in der besten Verfassung. Mir ging im wahrsten Sinne des Wortes einmal die Luft aus. Gut, dass Otto an meiner Seite war und mir etwas von seiner abgab. Naja, und Tarierwesten waren bei Klaus ein Fremdwort. Es wurde vom Boot aus getaucht. Berühmt und berüchtigt war mein Kopfsprung in voller Montur, denn normalerweise lässt man sich rückwärts vom Bootsrand ins Wasser gleiten. Zur Mittagszeit erforschten wir die Inseln, immer ein schattiges Plätzchen suchend, um unser meist karges Mahl einnehmen zu können.

Der Tauchsport zählte zu der damaligen Zeit noch zu den elitären Aktivitäten. Positiv wirkte sich das durch die geringe Zahl der Teilnehmer auf die zwei Boote aus. Die Gruppe war klein. Wir trafen uns jedes Jahr zur gleichen Zeit, die Kommunikation war dementsprechend freundschaftlich. Die gemeinsam erlebten Abenteuer schweißten zusammen.

Das sollte noch viele Jahre so bleiben, ja, bis explosionsartig der Tauchtourismus ausbrach und die Tauchbasen wie Pilze aus dem Boden schossen.

Aber noch erfreuten wir uns an den Fahrten zu den unberührten Tauchgründen. Eine der spektakulärsten waren die zehn Stunden entfernt und unterhalb von Burma liegenden neun unbewohnten Inseln *"Similan"*. Schon allein das Hinkommen bzw. Hinfinden war ein sensationelles Erlebnis. Meistens ging es abends gegen 19 Uhr los, um bei Sonnenaufgang die vorgelagerten, tief im Wasser liegenden Basaltfelsen zu erreichen. Wir nannten sie *das Tittenriff*, weil sie mit ihren zwei kugelförmigen Gebilden wie Brüste aussahen. Wenn uns das Glück hold war, begleitete uns der Mond und die funkelnden Sterne während der sonst meist pechschwarzen Nacht. Der Käpt`n aber fand immer den richtigen Weg dorthin, was uns dann bei Ankunft zu einem nicht enden wollenden Geklatsche veranlasste.

Müde nach der langen Fahrt, und manchmal auch kotzübel von dem nach Öl stinkenden Kahn, fand der erste Tauchgang statt. Das aufregende Unterwasserspektakel ließ die eingeschlafenen Lebensgeister durch die gewaltige Adrenalin-Ausschüttung schnell wieder wach werden. Die Belohnung für unsere vergangenen erlittenen Strapazen waren Haie, Rochen, Barakudas, Zackenbarsche, ein Gewimmel von Korallenfischen, Drückerfischen, Papageienfischen, Pumakantus Imperators, Rotfeuerfischen, Muränen, und nicht zu vergessen sind die vielen Clownfische; es war eine der besten Tauchplätze überhaupt.

Bald waren wir, nachdem wir durch das Tauchen wieder fit geworden waren, nach ein paar Bootsminuten im Paradies angelangt. Mit unseren wenigen für vier bis fünf Tage nötigen Utensilien - dazu gehörte eine Schlafmatte - auf dem Kopf durch das türkisfarbene Wasser tragend, betraten wir den weißen, warmen Sandstrand, der für die folgende Zeit unsere Schlafstatt, Küche, Esszimmer.... sein sollte. Hier gab es keine Quelle, keinen Unterschlupf, nur Sand, Wasser, Dschungel und eine heiße, jeden Morgen aufs Neue erwachte Sonne. Unsere Gesellschaft bestand aus dem Käpt`n, zwei Köchen, Maritta und Klaus, unseren Tauchführern, und den jeweiligen Tauchern. Jeder suchte erst einmal sein Plätzchen, wo er sich ausbreiten und nächtigen wollte.

Die Köche bauten ihre Küche auf, wo sie gar köstliche Kreationen hervorbrachten. Fisch gab es in Hülle und Fülle, den wir ja nach jedem Tauchgang mitbrachten.

Nicht vergessen aber darf ich Ossi, unseren Heizer aus Österreich, der Tag und Nacht das entfachte Lagerfeuer am Leben hielt. Es durfte niemals erlöschen, denn das Feuer war unsere einzige Lichtquelle, die uns den Weg zum "stillen Örtchen" finden ließ.

Wir besaßen eine fünf Zentimeter dünne Matte, einen Bettbezug zum Reinkriechen und zum Schutz gegen das überall herumkriechende Getier, - Schlangen gab es auch, so erzählte uns Klaus. Jedem von uns standen zwei Flaschen Wasser (0.3 Ltr.) für das Gesicht und zum Zähneputzen zur Verfügung. Ansonsten gab es das Meer. Daran gewöhnten wir uns sehr schnell; allerdings muss ich gestehen, dass nach fünf Tagen das Wiedersehen des Hotelzimmers mit seinen weißen Betten und den Süßwasserduschen mir wie ein „Sechser" im Lotto vorkam.

Diesen Luxus gönnten wir uns nur in den ersten zwei Wochen. Denn schon bald entdeckten wir jenseits der Mauer, die das Hotel zu allen Seiten hin eingrenzte, sechs am Hang liegende, windschiefe Bambushütten - natürlich ohne Elektrizität -, sehr romantisch eingebettet in einem Palmenhain. Auch wenn bereits ein vertrockneter gelber Skorpion in dem Bett, das sicher noch nie bessere Zeiten erlebt hatte, nächtigte, hielt uns das vom Einzug nicht ab. Für 1 DM pro Tag war das ok. Wir waren ja eh immer viele Tage auf Tour - *Similan*, *Koh Phi* -. Den Safe, Bettzeug, Handtücher liehen wir uns mit Genehmigung des Managers vom PIR aus; allerdings nur im ersten Jahr. Er war deutscher

Staatsbürger, liebte Berlin und war uns wohlgesonnen. In den folgenden Jahren, deren viele, viele kamen, mussten wir für uns selbst sorgen.

Zweiter Teil – THAILAND - Tauchen ist einfach geil!

Zu den unvergesslichen Erlebnissen zählt Koh Phi Phi, vier Bootsstunden vom Festland entfernt, gelegen zwischen *Phuket* und *Krabi*. Dazu gehört die *Wai King Höhle*, in der noch immer in schwindelnder Höhe Schwalbennester geerntet werden.

Koh Phi Phi ist eine atemberaubend schöne und einmalige Insel mit ihren darum herumliegenden aus dem Wasser aufragenden Kalksteinfelsen.

Bekannt wurde sie durch den Film "Der Strand" mit Brad Pitt, nach dem Roman von Alex Garland. - Da steht geschrieben: „*Stellt euch eine türkisfarbene Lagune vor, durch eine hohe, geschwungene Felswand vom Meer*

abgeschirmt. Denkt euch weißen Sand dazu und Korallengärten."

Doch zu der damaligen Zeit hatte kaum einer von dem Kleinod gehört, geschweige denn es gesehen. Heute ist *Koh* (das heißt Insel) *Phi Phi* in aller Munde, und durch den in den 90ern wie Heuschreckenschwärme einfallenden Tourismus ausgelösten Bauboom so verschandelt, dass vom Paradies nicht mehr viel vorhanden ist. Man kann nur mit viel Phantasie das alte Bild wieder erstehen lassen.

Die Hauptinsel besteht aus steil aufsteigenden Kalksteinfelsen. Die beiden halbmondförmigen weißen Strände, gesäumt von unterschiedlichen Blautönen schimmerndem Wasser, sind zweigeteilt, lediglich durch einen 200 m breiten Isthmus miteinander verbunden. In der Mitte stehend, könnte man den Sonnenaufgang und den Sonnenuntergang, wenn man zwölf Stunden vorüberstreichen ließ, bestaunen. Hier waren außer einigen Hütten für die Fischer, die darinnen ihre Netze flickten und als Unterschlupf vor der Sonne und dem Regen dienten, einer kleinen Strandbar und einem Platz mit Brunnen, wo die verstreut lebenden Einwohner ihre Wäsche wuschen, nichts anzutreffen. Auch wir bedienten uns des Brunnens, wenn wir von Zeit zu Zeit für ein paar Tage auf die Insel zum Tauchen kamen.

Außer den Fischern, den Seezigeunern und den Tauchern ließ sich keiner blicken, d.h. hin und wieder tauchten Piraten auf. So machten auch wir, die wir in den Fischerhütten nächtigten, die Bekanntschaft. Wie aus dem Nichts kommend fuhren plötzlich zwei große Boote in unsere kleine Bucht. Sofort schloss Maritta die Fenster und die Türen und befahl uns, ja ruhig zu bleiben; ...waren wir doch sehr „appetitliche Mädels". Zum Glück blieben die rauen Gesellen an Bord und fuhren alsbald wieder in die dunkle Nacht hinaus. Wir alle fanden das viel zu aufregend und spannend, als dass sich die Angst in unserem Körper hätte einnisten können. Außer bei Maritta, die ja schon einige Jahre in Thailand verbrachte und sich der Gefahr bewusst war.

Es gab aber viele Jahre später eine andere Situation, wo wir uns der absoluten Gefahr bewusst waren, nämlich während einer Tauchreise auf dem Wege von *Phuket* nach *Koh Phi Phi*, ob der Dramatik, die sich da abgespielt hatte.

Wir waren mit sechs Bekannten unterwegs, von *Chang Mai* kommend, wo wir einige Tage im Elefantencamp verbracht hatten, eine Fahrt auf dem *Mekong* zum *Goldenen Dreieck* machten, wo sich *Thailand*, *Burma* und *Laos* treffen, und den Norden mit einem Jeep erkundet hatten. Wir landeten nachmittags auf dem National Phuket Airport, und da es noch sehr früh am Tage war, versuchten wir die für den nächsten Morgen geplante Bootstour nach *Koh Phi Phi* noch am selben Abend stattfinden zu lassen. Ein Telefonat mit dem Manager des Hotels, in dem wir drei Wochen Tauchurlaub gebucht hatten, garantierte uns den Transport mit seinem nachts noch zu erwartenden

Versorgungsschiff; wir sollten uns nur beeilen, gleich würde es ablegen.

Am Bootssteg lag ein zweigeschossiger „Seelenverkäufer" mit bereits zersprungenen Fensterscheiben, verrostet und verrottet, in einer Verfassung des baldigen Untergangs geweiht. Ottos und meine Reaktion waren: „...Nein..., da steigen wir nicht ein!" Unseren Mitreisenden gegenüber, die alle mindestens zehn Jahre jünger waren, und bei denen der Angstpegel aufgrund wesentlich geringerer Lebenserfahrungen niedriger war, wollten wir uns keine Blöße geben, und so bestiegen wir mit gemischten Gefühlen das Ding, das sicher einmal ein schönes Boot gewesen war.

Als wir aus der geschützten Bucht kamen und aufs offene Meer trafen, schoben uns von nun an riesige Wellen vor sich her. Wir kannten die Wetter- als auch Wasserverhältnisse gut von unseren Tauchexkursionen, nämlich, wenn wir oft sehr spät am Abend bei rauer See im Phuket-Hafen anlandeten. Das Boot stampfte und kämpfte sich ca. zwei Stunden lang durch die riesigen Wellentäler und -berge, dabei viel Wasser aufnehmend durch die fehlenden Scheiben.

Den halben Weg hatten wir bereits zurückgelegt, als plötzlich bei *Shark Point*, einem Riff, das neben *Doc Mai* (einer Insel, die wie ein Atompilz aus dem Wasser ragte) lag, der Motor seinen Dienst verweigerte. Der Hilfsboy fing bereits an, Wasser aus dem Motorraum zu schöpfen. Da fühlten wir intuitiv, was die Stunde geschlagen. Das

Wasser drang schnell in das Boot ein. Auch der Lagerraum, in dem wir unsere Koffer und Tauchutensilien untergebracht hatten, war mit 30 cm grauem Wasser überflutet. Leider hatten wir das sich anbahnende Fiasko nicht verfolgt, da wir den Vollmond, die vielen zum Greifen nahen Sterne, die Wellen und das Meer bewunderten – *„und leise an Jon Mainert heran, trat alles, wie weit noch Steuermann. Er schaut nach vorn, er schaut in die Rund, noch 200 Minuten, so 2 1/2 Stund".* - Ja, so hatten wir uns gefühlt, glücklich und erwartend, was da komme.

Das einzige, was wir rasch noch tun konnten, war, unsere Flossen, Masken, Schnorchel aus dem Schiffsrumpf zu bergen; für andere Suchaktionen war es bereits zu spät. Wir konnten nur noch für einen geeigneten Absprung sorgen, denn das Boot sank jetzt in einem rasanten Tempo; man wollte ja nicht in den Sog geraten. Ich konnte es einfach nicht glauben, stellte deshalb meine Schuhe ordentlich in eine Ecke, zog meine Jeans aus, die mir nur hinderlich beim eventuellen Schwimmen gewesen wären, steckte eine Tomate in die Tasche meines Polohemdes, und auf das Kommando von Otto: *„s p r i n g"*, sprang ich in ein unsicheres Element, das kein Ende vorzuweisen hatte, nur Wasser, Wasser, Wasser.

Alle waren wir heil gelandet, und zusammen bildeten wir einen Pulk zur Abschreckung gegen einen eventuellen Haiangriff. Nichts wirkt Appetit anregender als ein durchs Meer strampelnder Einzelner, denn der signalisiert dem Hai, dass da eine kranke, leicht zu schnappende Beute vor seiner Nase sein könnte. Ja, Haie gab es reichlich, das Riff nannte sich nicht *Shark Point*, weil kleine niedliche Fischchen darum schwammen. Der Käpt`n übrigens und der Hilfsboy hatten bereits schon vorher das Weite gesucht, ohne uns auch nur mit einer Geste zu verstehen zu geben, in welcher Gefahr wir schwebten. Beide waren nirgends zu sehen. Die Strafe der beiden bestand darin, dass sie erst zwei Tage später durch ein Such-Flugzeug auf einer unbewohnten Insel ausfindig gemacht werden konnten,

Fritz und Renate, Bernd und Gina hatten eigene Diving-Jackets, die beiden anderen ergatterten sich zwei Rettungswesten, und wir mussten uns einen vergammelten Rettungsring, jeder an einer Seite hängend, teilen. Und das sollte auch in den nächsten 6 1/2 Stunden so bleiben, - das nur einmal kurz zum Verhalten von so genannten Freunden.

Wir waren so ca. zehn Kilometer von Phuket entfernt, die Leuchtfeuer konnte man schon erahnen. Auflandige Flut brachte uns stetig dem Festland näher, aber natürlich haben auch wir - am Anfang - mit noch kräftigen Flossenschlägen dazu beigetragen, nicht in Indien zu landen, denn die Strömung trug uns in die *Andamanen-See*, immer Richtung Süd/Westen.

Der Vollmond schien und das phosphoreszierende Plankton vermittelte uns das Gefühl, von vielen kleinen Sternschnuppen umgeben zu sein, und bei jeder

Bewegung, jedem Spritzer schien das Meer Funken zu sprühen. Phosphoreszenz ist die Eigenschaft eines Stoffes (Einzeller, Algen, Plankton) nach einem Beleuchten mit Licht, in dem Falle der Mond, im Dunkel nachzuleuchten. Es war wie ein Märchen, hätte da uns nicht ein riesiger Trawler fast übergemangelt. Wir schrien aus voller Kehle, doch die Motoren erzeugten zu viel Lärm und erstickte unser Geschrei. Auch wenn das Boot vorbeifuhr, ohne auf uns aufmerksam geworden sein, so sind wir doch noch am Leben. Trotz der Wassertemperatur von 27° Grad fing ich an zu frösteln, dazu kam, dass ich eine Flosse verloren hatte und Wadenkrämpfe einsetzten.

Das Land war in Sichtweite, man konnte bereits Autos auf den Straßen fahren sehen. Der Gezeitenwechsel setzte ein, und trotz unserer körperlichen Anstrengungen kamen wir der Rettung nicht näher. Fritz, der jüngste und kräftigste unter uns, verließ deshalb die Gruppe, um allein sein Glück zu versuchen, was ihm auch gelang. Otto hatte aber in der Zwischenzeit ein ankerndes Fischerboot entdeckt, das wir, wie sieben Geister aus dem Meer steigend, enterten. So muss es zumindest der Besatzung an Bord vorgekommen sein.

Wir waren seit 6 1/2 Stunden im Wasser und es war 2:30 Uhr morgens. Die Hafenpolizei glaubte an *Sanuk* (Spaß), den sich die *Farangs* (Fremde) mit ihnen machten, als wir ihnen von dem Erlebten berichteten. Ein Auto, vollgeladen mit Fischen, brachte uns zu dem Hotel, von dem aus wir vor nun bereits zehn Stunden unseren Trip begonnen hatten. Auch sie konnten unserer Story keinen Glauben schenken. Erst ein paar Tage später konnte man in der *Bangkok-Post* von acht mutigen Deutschen lesen, die das Meer bezwungen hatten.

Ende gut, alles gut ... Und hätten wir das alles nicht erlebt, dann hätten wir interessante Passagen unseres Lebens verpasst. - Wie eintönig wäre dann das Leben!!!!!!

Obwohl ich mir geschworen hatte, niemals wieder auch nur einen Zeh ins Wasser zu tauchen, befanden ich und Otto uns bereits schon nach drei Tagen auf dem Wege zu den zehn Stunden entfernt liegenden *Similan-Inseln*. Der erste Tauchgang vermittelte mir das Gefühl, selbst ein Fisch zu sein, und ich musste aufpassen, nicht das Atmen zu vergessen.

TAUCHEN IST EINFACH
GEIL !!!!!!

Dritter Teil – AUSTRALIEN - Mit einer tödlichen Riesenseeschlange auf Du und Du

Ja, das Tauchen lässt einen nicht mehr los, hat man erst einmal seine Nase mit einer gut- bzw. weniger gutsitzenden Taucherbrille in das unergründliche Nass gesteckt. Eine passende Brille zu finden war für mich ein schwieriges Unterfangen; mein Kopf ist sehr klein und das Gesicht sehr schmal. Zu Beginn der Taucherei bin ich ob der zu großen Brille immer fast abgesoffen. Aber dieses Problem wurde irgendwann einmal behoben, und ich konnte mich endlich vollkommen ganz dem Vergnügen widmen.

Australien, mit seinem an der Nord-Ostküste vorgelagerten *Great Barrier Reef*, stand schon immer auf unserer Agenda. Das Riff beginnt, übrigens das größte Riff der Erde, zwischen *Papua-Neuguinea* und *Cap York*, in der *Torres-Straße*, und dehnt sich aus bis *Rock Hampton*.

Wir planten also eine 8-wöchige Reise durch Australien mit Höhepunkt: „Tauchen am Riff". Um die Weite des Landes vollkommen in uns aufnehmen zu können, mieteten wir einen Camper, mit dem wir 14.000 Kilometer gefahren sind.

Von *Melbourne* aus startend, an der Ostküste entlang, über *Sydney, Armindale, Brisbane, Moreton Bay, Fraser Island, Rock Hampton, Mackay, Toonsville, Cairns, Port Douglas über Daintree River, Cooktown,* weiter westlich auf dem *Flinders Highway* nach *Mount Isa*, bis *Tennant Creek*, dann auf dem *Stuart Highway*, der verbindet *Darwin* mit *Port Augusta* (2700 Kilometer lang), *Ayers Rock, Cooper Pady, Port Augusta*, dann wieder östlich nach *Broken Hill, Murry River, Barossavalley*, dann zurück nach *Sidney*, von wo aus wir zurückgeflogen sind.

In *Port Douglas* endlich ging unser Traum in Erfüllung. Ein frisch restauriertes Tauchboot lag im Hafen, als hätte es nur auf uns gewartet. Einen Käpt`n, zwei Divingmaster, eine Köchin, zwei Deutsche, zwei Amerikaner und zwei Schweden waren bereits an Bord und wollten gerade die Leinen losschmeißen. Es war Off-Season (April), keine weiteren Touristen weit und breit, und der Himmel hing voller schwarzer Wolken, die sich später auf offener See ausschütten sollten. Das Scenario war wirklich nicht einladend, doch ich war so heiß auf das, was vor mir zu liegen schien, dass ich das zu erwartende Unwetter gar nicht wahrhaben wollte. Das Schiff für wesentlich mehr Passagiere ausgerüstet, erwies sich als luxuriöses und sicheres Fortbewegungsmittel, das sich seinen Weg stampfend durch Berge und Täler von Wasser bahnte. Einigen von uns hing der Magen über der Railing; nur wenige konnten deshalb am ersten Tauchgang teilnehmen, der mitten im Nirgendwo stattfand.

Ja, man muss schon ein bisschen verrückt sein, um von schaukelnden Planken aus ins dunkle Wasser zu springen. Die Fahrt war für 8 Tage ausgerichtet, und so konnte man nur auf eine Wetterbesserung hoffen, ... die dann auch eintraf.

Das Tauchen bei Regen bzw. bedecktem Himmel ist wie ein Spaziergang in Foggi-England.

Alles ist verschleiert und die Sichtweite beträgt nur wenige Meter. Alles ist grau in grau, und bei jedem vorüberhuschenden Schatten, der größer ist als man selbst, denkt man gleich an Haie. Es erinnert an einen Nachttauchgang.

Doch dem würde ich nicht gerecht werden; denn das Nachttauchen ist eine ganz besondere Erfahrung. Schon, wenn man mit einem Phosphorstab bewaffnet, der auf nur wenige Meter das Umfeld beleuchtet, in die Dunkelheit hinabsteigt, empfängt einen eine spektakuläre Welt. Fische liegen versteckt in Höhlen oder Felsspalten, eingewebt in ihren Speichel/Schleim, wie in einem Kokon, um nicht durch ihren Geruch von den Nachtaktiven aufgespürt zu werden. Zu denen gehören die Haie, die tagsüber mal ein Nickerchen in der Strömung liegend machen. Das Wasser, das mit der Strömung durch die Kiemen transportiert wird, ist wichtig für die Sauerstoffversorgung, nämlich dann, wenn sie sich nicht groß bewegen. Andere Fische verstecken sich im Geäst der Korallen oder liegen von Sand bedeckt auf dem Meeresgrund. Eine ganz besondere Spezies sprießt wie Spargel aus ihren sich im Sand befindlichen Löchern, wenn man darüber hinweg schwimmt. Die Fische haben keine Lider, und so kann man nicht feststellen, ob sie wirklich schlafen. Sie starren einen nur mit ihren ausdrucklosen kalten Augen an.

Gespenstige Atmosphäre verbreitet sich, wenn die Taucher mit ihren grünes Licht verbreitenden Phosphorstangen aus der Tiefe kommend wieder aufsteigen. Dann könnte man meinen, die Aliens kommen.

Ein großes Highlight war der Tauchgang am *Potato Cod Hole*, das entdeckt wurde von Ron und Valerie Taylor, den bekannten Unterwasserforschern und Filmemachern. In ca. zwanzig Metern Tiefe kommen aus allen Himmelsrichtungen unzählige eineinhalb Meter große und größere, riesige Zackenbarsche auf einen zu. Sie ändern ihre Farbe und passen sich der jeweiligen Umgebung an. Otto hatte kleine Fische zum Füttern mitgebracht. Und als er die Hand damit ausstreckte, verschwand diese im breiten Maul eines dieser Monster. Es war gar nicht leicht, sie zurück zu ziehen, denn sie saß fest zwischen den harten Kauplatten des Maules wie in einem Schraubstock. Nur mit Gewalt konnte er seine Hand befreien, die er dann etwas ramponiert zurückgewann. Das Wasser färbte sich grüngrau ob des roten Blutes, das ab einer Tiefe von fünf Metern seine eigentliche Farbe veränderte. Um keine Haie anzulocken, war der Tauchgang für Otto erst einmal beendet.

Die Fahrt bis *Lissard-Island* bescherte uns nicht nur einen Reichtum an mannigfaltigen Lebewesen im Wasser, sondern auch Superlative der Größe. Die Riesen-Muschel, oder Monster-Muschel, gehörte dazu. Sie werden über einen Meter lang und können bis zu einer halben Tonne wiegen.

Die Riesen-Muscheln leben in den Korallenriffen des tropischen Indo-Pazifiks. Sie leben von Schwebestoffen, die sie aus dem Wasser filtern. Um an mehr Nahrungsmittel heranzukommen sind sie eine Symbiose mit den Algen eingegangen, die in den äußeren Mantellappen der Muscheln leben. Wenn sie sich öffnet, stülpt sie die Manteltasche so weit wie möglich nach vorne, so dass die Alge viel Sonnenlicht abbekommt. Die Algen wiederum produzieren aus dem Sonnenlicht Nährstoffe und Sauerstoff für die Muschel. Diese Algen sind der Grund für die prächtige Färbung des Muschelinneren. Doch dadurch ist das Leben auf das Flachwasser beschränkt, da dort genügend Licht vorhanden ist.

Ich könnte noch so viel erzählen, z.B. von den kleinen Seepferdchen oder den bunten Nacktschnecken, dem Clownfisch, der vorwitzig, wie er war, meine Tauchermaske attackierte, oder dem Pilotfisch, der mich eine Weile an meiner Tauchflasche haftend, auf einer Unterwasser-Exkursion begleitete; doch eine Story darf ich nicht unerwähnt lassen:

Wir sind ja meistens mit einem Schlauchboot zu den ausgewählten Riffen gefahren, während unser Mutterschiff in ruhigen Gewässern ankerte. In der Zwischenzeit war die Köchin emsig, und der Wein wurde kaltgestellt. An Bord war es wie im Schlaraffenland. Nach dem letzten Tauchgang gab es Wein aus dem *Barossa Valley* bis zum Abwinken; nachdem man sich ausgiebig unter der heißen Dusche erholt hatte.

Nun, so ein Abend erwartete uns, nachdem wir von unserem letzten Tauchgang zurückgekehrt waren. Getoppt wurde er dann allerdings durch die Erzählung meines kleinen Abenteuers und die allgemeine Aufregung, die durch das Erlebte hervorgerufen wurde.

Also, was war passiert: Wie immer hatte uns Jim, einer unserer Divingmaster aus dem Schlauchboot geworfen, um uns eine Stunde später wieder einzusammeln. Doch dieses Mal hatte ich beim Auftauchen Gesellschaft durch eine ca. zwei Meter lange, armdicke graue Riesen-See-Schlange, die mich Aug' in Aug' aus zwanzig Metern Tiefe begleitete. Sie stieß ca. 50 cm von meinem Gesicht entfernt mit mir durch die Wasseroberfläche. Ich war so erstaunt und fasziniert zugleich von der Dreistigkeit der Schlange, die fast Körperkontakt zu mir suchte, als dass ich zu anderen Gedanken fähig gewesen wäre. Ich hörte nur, wie Jim rief: *„Be careful Rosmarie, a snake!"* Doch ich versuchte bereits auf dem Rücken liegend und mit leichten Flossenschlägen mich von ihr zu entfernen, natürlich sie immer im Auge behaltend. Erst im Boot, als mich Jim über die absolute Tödlichkeit eines Bisses aufklärte, begann ich zu realisieren, was mit mir hätte passieren können, wenn ich mich falsch verhalten und in Panik geraten wäre. Aber wie immer in prekären Situationen blieb ich eiskalt. Da muss ein starker Überlebens-Wille in mir sein, der mich davor bewahrt, falsch zu reagieren.

Wie konnte es dazu kommen? Wir waren acht Taucher, zwei Diving-Master, davon einer im Boot blieb, und tauchten in Zweier-Gruppen. Als Otto und ich hinter einem Felsvorsprung hervortauchten, sahen wir, wie sich zwei Riesen-See-Schlangen in einem Liebesspiel befanden. Wir sahen diesem Schauspiel eine Weile zu und gaben uns dann das Zeichen zum Auftauchen. In diesem Moment kamen die anderen Taucher und störten die Harmonie der beiden Schlangen. Eine Schlange löste sich von der anderen und kam auf mich zu. Ich hatte bereits mit dem Aufstieg begonnen, befand mich also ohne Schutz im offenen Wasser, nur an der Ankerkette hängend, um zu dekomprimieren.

Die Schlange war treu und blieb bei mir.

Naja, Ende gut, alles gut! Deshalb ...

... A U F   Z U   N E U E N
A B E N T E U E R N   !!!!!!!

In sieben Tagen durch BURMA – eine Reise im Galopp

Mit dem Flugzeug von Rangoon nach Bagan und von Bagan nach Mandalay, mit der Bahn von Mandalay nach Rangoon

Seit dem 3. Januar 1978 gehörte Tauchen in den Gewässern um *Phuket* herum zu unserem alljährlichen Urlaubsprogramm. *Phuket* ist eine nur durch die *Sarasin-Brücke* mit dem thailändischen Festland verbundene Insel. Sie liegt im Süden des Landes, und ist von dem *Andamanischen Meer* umgeben. Heute ist *Phuket* ein bekannter und überlaufener Urlaubsort.

Um dahin zu gelangen, war ein *Stop-over* in *Bangkok* unvermeidbar, denn man konnte das Ticket von *Bangkok* nach *Phuket* nicht in Deutschland kaufen. Es erforderte immer einen Besuch bei der Thai Air im 5. Stock in der Sukomwitroad, die uns für den 900 Kilometer langen Flug in einer kleinen Propellermaschine für einen stolzen Preis eines ausstellte. *Phuket* und der Tourismus steckten damals noch in den Kinderschuhen, und demzufolge gab es auch keinen Runway, auf der größere Flugzeuge hätten landen können.

Burma war schon lange für uns ein Traumziel. Und so nutzten wir den Umstand, in *Bangkok* Station machen zu müssen, für einen Abstecher. Der Behördengang zur

Burmesischen Botschaft war sehr zeitaufwändig. Mehrseitige unsinnige Fragen wie *"Wann ist deine Großmutter gestorben"* mussten beantwortet werden, um endlich dann den Stempel auf das Visum, das nur für sieben Tage Gültigkeit besaß, gedrückt zu bekommen. Das Flugticket zu besorgen war dagegen eine Leichtigkeit; nur eine Hand voll Menschen waren an diesem fremden Land interessiert.

Burma wurde im 2. Weltkrieg von den Japanern okkupiert und wie ein Marionettenstaat geführt. Nach Kriegsende besetzten die Briten das Land und integrierten es erneut in ihr Kolonialreich. 1948 wurde *Burma* in die Unabhängigkeit entlassen. Seither gab es in verschiedenen Landesteilen mit ethnischen Minderheiten - den *Mon, Kachin, Karen, Kayah, Naja, Chin*, den *Shan,* die den größten Teil des Ostens bis nach *Laos* bewohnen und die mit ihrer *Shan National Army* den Opiumhandel besonders mit Thailand kontrollieren, womit ihre militärischen Aktionen finanziert werden - bewaffnete Konflikte; sie wollten mehr Autonomie bzw. Unabhängigkeit. Deshalb regierten ab 1962 verschiedene Militärregime das Land.

Burma hatte sich seit seiner Unabhängigkeit von der Außenwelt abgeschottet. Erst 1971 öffnete es sich für den Tourismus mit seiner Einführung des Sieben-Tage-Visums.

Viele Informationen gab es nicht, und so waren wir dankbar über jeden kleinen Insider Tipp. So drang auch der von der Whisky- und Zigarettenwährung an unsere Ohren. Für eine Flasche Johnny Walker und eine Stange 555-Zigaretten sollte man im Lande den vierfachen Dollarwert erhalten.

Als wir dann endlich nach unserem dreiwöchigen Tauchurlaub im Flugzeug saßen, konnte man sehen, dass viele diesem Rat gefolgt waren. Fast jeder hielt mehr oder weniger verschämt "die verbotene Währung" in den Armen, in Form einer Tüte aus dem Duty-Free Shop; es ermöglichte uns einen etwas komfortableren Aufenthalt. Einige Annehmlichkeiten konnten eben nur mit Dollars beglichen werden.

Eine kleine *Fokker Friendship* der Burma Air hob vom Rollfeld ab, und brachte uns über ausgetrocknetes Land in zwei Stunden nach *Rangoon*. Der Flughafen liegt direkt östlich am *Irrawaddy Delta*, 15 Kilometer von der Stadt entfernt. Wir landeten mit gemischten Gefühlen inmitten der Pampa. Ich weiß nicht, was wir erwartet hatten, doch das, was wir sahen, erinnerte nicht an Flughäfen, so wie wir sie kannten. Weit und breit waren keine Flugzeuge zu sehen, und die wenigen, die hier zu landen pflegten, waren höchstwahrscheinlich unterwegs. Nach einer Ehrenrunde tauchte ein unscheinbarer Betonbau auf, der sich *"International Airport of Birma"* nannte. Eine Landung auf dem Mond hätte nicht befremdlicher sein können. Doch das dem nicht so war, bezeugten die vielen, in weiß gekleideten Beamte, die, mit wichtiger Miene und Papierblöcken in den Händen haltend, auf uns zustrebten. Alles, aber auch alles musste aufgeschrieben werden. Nicht nur fremde Währungen, sondern auch jeder Ring, jede Kette, Uhr, jede Kamera usw. – mit Wertangabe - wurde sorgfältig auf dem Papier notiert. Und wehe dem, der bei der Ausreise nicht Rechenschaft ablegen konnte über den Verbleib der aufgeführten Dinge. In diesem Moment war uns klar, auch wenn wir es vorher schon wussten, dass wir in einer Sozialistischen Republik mit Militärdiktatur angekommen waren. Die Beamten schrieben, was das Papier hergab, doch dem Whisky und den Zigaretten schenkten sie keinerlei Beachtung; sicherlich waren sie selbst daran interessiert, durften es nur nicht sagen.... die armen Schweine. Meine am Körper verborgenen $s konnten sie Gott sei Dank nicht finden, es sei denn, man hätte mich einer Leibesvisitation unterzogen, dazu gab es aber keine Veranlassung.

Wir wurden weiter darüber aufgeklärt, was wir zu tun und was wir zu lassen hatten und über den Zwangsumtausch einer bestimmten Summe in *Kyat* (*Tschad* ausgesprochen), die für vorbestimmte Unterkünfte, Inlandsflüge, Bahn- und Busfahrten zu verwenden waren. Privatunterkünfte waren *absolutely forbidden*. Jede offizielle Aktion wurde in der Beurteilung eines jeden einzelnen vermerkt. Irgendwann war auch dieses Prozedere zu Ende, und wir wurden in die Welt "da draußen" entlassen.

Ja, "da draußen" erwartete uns eine Flotte bunt bemalter, vorsintflutlicher Limousinen, - sicher aus der Truman Ära. Da standen Thunderbirds, Cadillacs,

Chrysler, Buicks, Studebakers in Reih' und Glied. Der Anblick hätte jedes Oldtimer-Herz höherschlagen lassen, wären die Autos nicht in einem so desolaten Zustand gewesen. Vor jedem Auto stand ein sauber gekleideter Chauffeur, der für die Weiterbeförderung zu unserem vorbestimmten Hotel sorgte, bekleidet mit weißem Hemd und kariertem *Longy*; das ist ein zum Schlauch zusammengenähtes Stück Stoff, das dann zu einem Hüftrock gewickelt wird. Fast jeder Burmese trägt einen *Longy*; nur selten trifft man Männer mit Hosen an. Wie nicht anders zu erwarten war, signalisierte er sofort, dass er an der "verbotenen mitgebrachten Ware" interessiert wäre. Nachdem der Handel zu aller Zufriedenheit abgeschlossen war, setzte er uns vor einer kleinen Herberge ab, nicht weit entfernt von der *Shwedagon Pagode*, einem der berühmtesten Sakralbauten der Welt. Doch die musste erst einmal warten, so sehr es uns auch in den Füßen kribbelte.

Unsere Herberge, Hotel, Unterkunft, Absteige - ich weiß wirklich nicht, welches Wort ich diesem Etablissement geben sollte - war ein durch Zeit und Wetter heruntergekommener Bau. Die Wände bestanden aus Pappe, und sie erzählten vom Tod unzähliger Mücken. Auch konnte man jedes Wort, das im Nachbarzimmer gesprochen wurde, verstehen. Toilette und Dusche gehörten der Gemeinschaft, Hygiene war ein Fremdwort. Doch viel Zeit zum Nachdenken hatten wir eh nicht.

Wir mussten uns sputen, um für den kommenden Tag nach *Bagan* und *Mandalay* ein Flug-Ticket zu ergattern.

Im einzigen Tourist Office der Stadt trafen sich natürlich alle, die zur gleichen Zeit wie wir das Land betreten hatten. Der Run auf einen Platz begann. Leider bekamen wir erst für den übernächsten Tag ein Ticket nach *Bagan* und dann weiter nach *Mandalay*. Der Flug zurück nach *Rangoon* war bereits ausgebucht ob der kommenden Edelsteinmesse. Die einzige Möglichkeit, wieder rechtzeitig zurück sein zu können, war eine 650 Kilometer lange Fahrt mit dem Zug. Das sollte uns einen ganzen Tag kosten.

Die Zeit, die uns verblieb, musste gut genutzt werden. Von den sieben Tagen waren bereits mehr als 1/16 vergangen. Und so machten wir uns auch gleich auf den Weg zur *Shwedagon Pagode*.

Sie ist der wichtigste Sakralbau und das religiöse Zentrum *Burmas*, gilt als Wahrzeichen des ganzen Landes und ist eine der berühmtesten Pagoden der Welt. Der Legende nach soll sie bereits 2.500 Jahre alt sein. Mönche bezeugen, dass sie vor dem Tode Buddhas im Jahre 486 v. Chr. erbaut wurde. Begonnen hatten das zwei Brüder, die zehn Haare von Buddha in einen zehn Meter hohen Stupa einmauern ließen. Im Laufe der Jahrhunderte (1.000 bis 1.200 n. Chr.) wurde die Pagode durch die jeweils herrschenden Könige vergrößert, mit Gold und Edelsteinen reich verziert und überall mit Glöckchen behängt. Archäologen glauben jedoch, dass der eigentliche Stupa zwischen dem 6. und 10. Jahrhundert von dem Volk der *Mon* erbaut wurde.

Wir nahmen uns ein dreirädriges Taxi und wurden kräftig durchgerüttelt, denn die Straßen waren nicht besser als die Häuser und die Autos, bis wir am Fuße dieses Himmelskörpers anlangten. Der Weg hinauf zum Heiligtum auf endlos schleichenden Treppen war gesäumt von Buden, alten, Zigarren rauchenden Nonnen, in karminrote Fetzen gehüllten Mönchen mit tibetischen Hüten, mit darunterliegenden gegerbten Gesichtern. Wir blickten auf Buddhas und Kapellen, vor denen Menschen im Lotussitz saßen und für die Umgebung völlig verloren schienen. Vögel und Fledermäuse flitzten durch die Abendluft. Die untergehende Sonne spiegelte sich auf den vielen vergoldeten Dächern, Kuppeln und Türmchen. Die Anlage breitete sich auf 60.000 qm vor uns aus; meist waren die Terrassen und mannigfaltigen Schreine mit Marmor belegt, der noch warm war von der Sonne des Tages, und nur mit bloßen Füßen betreten werden durfte. Doch um die Stimmung und die Schönheit voll in sich aufnehmen zu können, benötigte man mehr als nur eine Stippvisite an einem Spätnachmittag. Wir wollten auch nur einmal schnuppern. Also brachen wir die Besichtigung, die eigentlich noch gar nicht richtig begonnen hatte, ab und verschoben sie auf den nächsten Tag.

Stattdessen wandten wir uns der Innenstadt zu, die sich schachbrettartig um den *Rangoon-River* ausbreitete. Es waren keine Hochhäuser zu sehen, nur höchstens viergeschossige, aus der Kolonialzeit der Engländer stammende Wohnblocks. Der Verfall war überall zu sehen und zu riechen. Aus den meist offenstehenden

Fenstern drang ein in Öl- und Karbid-Lampen entzündetes, spärliches Licht auf die sonst fast dunklen Straßen. Nur selten sah man elektrisch betriebene Leuchtkörper. Doch das Gewusel von Menschen mit ihrem Drang zum Sein, zum Machen, hielt nicht inne trotz des diffusen Lichtes: Kleine, an vielen Ecken stehende Wagen, wo Saft aus Zuckerrohr gepresst wurde, Autobusse aus Holz, behängt mit Trauben von unerschütterlichen Menschen, Fahrräder mit und ohne Beiwagen, bevölkerten Plätze und Straßen.

Viele kleine Garküchen boten ihre Speisen an. Sie bestanden meist nur aus einem Hocker, auf dem ein Spiritus- oder Karbid-Kocher mit einem Topf stand, dem gar wohlriechende fremdländische Düfte entstiegen; die fast überall angebotenen Currys oder Nudelsuppen köchelten langsam vor sich hin. Ansonsten gab es die *"One Tschad Cafés"*, in denen alles, Tee, Gebäck, Küchleins, Toast in Milch liegend und mit Zucker bestreut, für 1 Tschad zu haben war; gut für diejenigen, die in Kopfrechnen schwach waren. Das wohlschmeckende Bier gab es meistens nur warm, abgefüllt in großen, mit einem Schnappverschluss versehenen Flaschen. Sicher war das Reinheitsgesetz für die Burmesen ein Fremdwort.

Am darauffolgendem Morgen ließen wir noch einmal die *Shwedagon Pagode* auf uns wirken, bevor wir uns zur *Sule-Pagode*, die ganz in der Nähe zu finden war, und später zu der *Botataung Pagode* aufmachten. Um zu dieser zu gelangen, mussten wir uns eines öffentlichen

Verkehrsmittels bedienen, einem hölzernen Bus; allerdings diesmal hing keine Traube von Menschen an ihm, wir bekamen sogar einen Sitzplatz angeboten. Viele nette, interessierte Menschen interviewten uns, woher wir kämen und ob wir etwas zu verschenken hätten, wie z.B. Kugelschreiber, Bonbons, Nagellack, Lippenstifte .... und wir hatten. Das Besondere an dieser Pagode waren die Pilger, die sich abwechselnd auf Knien robbend und auf den Boden werfend, der Pagode näherten.

Ein nur kurzer Besuch am Ende des Tages der *St. Mary's Cathedral* rundete den zweiten Tag in *Rangoon* ab.

Am nächsten Morgen standen wir dann schon zeitig um 8 Uhr auf dem Flugfeld und warteten auf den „Vogel", der uns nach *Bagan* fliegen sollte. Wir hatten einen Tipp bzw. eine Adresse von einer befreundeten Stewardess erhalten, die empfahl uns, uns in einem Pferdewagen durch das riesige Tempelfeld kutschieren zu lassen. Ich schrieb einen Brief an Mr. Aug Son Sun Kyi, Student, Besitzer eines Pferdefuhrwerkes und willens, uns zwei Tage über die Geschichte, die verschiedenen Bauweisen der einzelnen Tempel aufzuklären, und uns mit seinem Fuhrwerk überall dorthin zu bringen, zu dem uns unsere Neugier zog.

Er stand pünktlich am Rollfeld trotz der Verspätung. Eigentlich sollten wir ja schon einen Tag früher angekommen sein. Er war ein sehr sympathischer junger Mann, der ein sehr gutes Englisch sprach, und wie sich später erwies, über die Geschichte *Bagans* und vor allem die Bauweisen - es gab vier verschiedene, wichtige Stile - gut Bescheid wusste. Er brachte uns zu einem Kämmerlein in einem sehr kleinen Häuschen, in dem wir für zwei Tage unterkamen. Ich sehe das Kämmerlein noch heute in Gedanken vor mir: Zwei Betten, ein Stuhl, ein Tisch und einige Nägel in den Wänden zum Aufhängen von Kleidungsstücken, mehr nicht, aber mehr brauchten wir auch nicht.

Das Königreich, dessen Herrschaftszentrum *Bagan* für ca. 430 Jahre war, bildete das erste vereinte Reich im heutigen *Burma*; *Bagan* war die Hauptstadt des gleichnamigen Reiches zwischen 1044 und 1287. Wichtigster König war *Anawrahtas*, dem es gelang, das einheitliche Reich in den ungefähren Grenzen des heutigen Burmas zu errichten. *Bagan* wurde durch seine günstige Lage am *Irrawaddy*, an dem sich Handelswege aus China und Indien trafen, schon Mitte des 9. Jhd. zum zentralen Ort *Ober-Burmas*. Die Stadt wurde 849 vom König mit einer Mauer umgeben. Schon in dieser Zeit begannen sich der aus Indien kommende Vajrayana Buddhismus und der einheimische Schlangenkult zu vereinen. Ein Mönch der *Mon* konnte den König für den Buddhismus gewinnen, und sie wurde zur Staatsreligion erklärt. Er übernahm auch von den *Mon* die aus dem Sanskrit entwickelte Schrift. In dieser Zeit wurden ca. 6.000 Tempel und Pagoden gebaut. Ende des 13. Jhd. zerstörten Mongolen unter *Kublai Khan* das Reich *Bagan*. Unter dem Druck der *Shan* aus dem Nordosten versank *Burma* in den folgenden 200 Jahren in Anarchie. Erst unter der *Toungoo Dynastie*, 1531 bis 1752, fand es zur einstigen Größe zurück. Der Rivale Thailand wurde geschlagen, und die Hauptstadt *Ayutthaya* dem Erdboden gleichgemacht. Schon 1519 wurden den Portugiesen Handelsrechte eingeräumt, aber die Kolonialmacht, die ihre bleibenden Spuren hinterlassen hatte, war England.

Bagan ist heute eine historische Königsstadt mit noch 2.000 aus Ziegeln erschaffenen Sakralbauten, die gedrängt auf einem Areal von 36 km^2 in einer versteppten Landschaft, am Ostufer des *Irrawaddys* stehen. Sie ist eine der größten archäologischen Stätte Südostasien. In der Nähe der Stadt wurden auch zwei geschlossene Siedlungen indisch-bengalischer Einwanderer aus dem 9./10. Jhd. ausgegraben.

Wir wurden am nächsten Morgen, nachdem wir uns vorher noch ein bisschen in dem moderneren Teil von *Bagan* umgesehen hatten, von Aun, unserem Führer, mit seiner Kutsche und einem munteren Pferdchen davor, abgeholt. Wir fuhren durch ein großes Tor hinaus in die Ebene, Richtung *Irrawaddy River* und zu den 2.000 Pagoden und Tempeln.

Ein magisches, rotes Licht umhüllte das gesamte Areal: Die meist aus roten Ziegeln erschaffenen Sakralbauten stehen auf einem Plateau, umarmt von einzelnen Body Bäumen und Akazien, dazwischen wuchert niedriges Gestrüpp auf grünen Grasflächen, durch die sich weiche, rote Sandwege zu den einzelnen Pagoden schlängeln.

Und im Hintergrund vor der Kulisse der Bergkette fließt der *Irrawaddy-River* gemächlich dem Meer entgegen.

Der Wind und die fahrende Kutsche wirbelten roten Sand bzw. Staub auf, der das Bild einer roten "Fatamorgana" hervorzauberte. Die gesamte Anlage wirkte unwirklich, als wäre sie nur für uns erschaffen, kaum ein Mensch war zu sehen. Dieser Anblick machte uns stumm; wir hörten nur noch das Klick, Klack, Klick der Hufe und das Knirschen der rollenden Räder. Wahrlich, ein faszinierender, nie vergessener Augenblick, der seinesgleichen lange suchen muss.

Wir entzogen uns dem Bann und begannen systematisch die wichtigsten und interessantesten Tempel anzuschauen. Der *Ananda Tempel* hatte es uns besonders angetan. Er war ein Mix aus verschiedenen Baustilen, auch der indischen Tempel Bauweise.

Er war sehr hoch und groß, und seit Jahren schon wurde er von einem amerikanischen Team restauriert. Auf der Spitze der Pagode sitzend hatten wir dann auch am Abend einen grandiosen Sonnenuntergang zu bestaunen. In vielen Tempeln, Pagoden oder Stupas sah man nur noch Buddha-Statuen mit abgeschlagenen oder verschandelten Köpfen; sicher das vandalistische Werk von *Kublai Khans* mongolischen Heerscharen, die um 1287 die Stadt einnahmen. Verblasste Wandmalereien waren noch hier und da zu sehen. Ich verzichte darauf, die vielen Tempel, Pagoden, Stupas aufzuzählen, dessen unser Interesse galt, und die wir kurz aufgesucht hatten.

Leider ging es am nächsten Morgen auch schon wieder auf Reisen nach dem 180 Kilometer entfernt liegenden *Mandalay*. 7 Uhr morgens sollte eine Maschine starten; doch als wir zum Flugfeld kamen, erwartete uns ein grandioses Schauspiel. Die gerade aufgegangene Sonne versteckte sich hinter einer riesigen Nebelwand und umschloss die in roten Sandstein gebettete Umgebung wie mit rosaroten Seidenvorhängen. Erst zweieinhalb Stunden später kam Wind auf, vertrieb den Nebel und wir konnten endlich starten.

Mandalay liegt an einer Biegung des *Irrawaddy-Rivers* im Norden von *Burma*, 700 Kilometer von *Rangoon* entfernt. Es wurde von König *Mindon* 1857 in freiem Gelände errichtet. Achtundzwanzig Jahre lang diente sie den burmesischen Königen *Mindon* und *Thibauw* als letzte Hauptstadt. Nach der Eroberung der Stadt 1885 und Plünderung des Königspalastes durch britische

Truppen wurde König *Mindon* ins Exil nach Indien geschickt, und die Hauptstadt wurde nach *Rangoon* verlegt. Im 2. Weltkrieg wurde *Mandalay* bei Kämpfen zwischen Japanern und den Briten weitgehend zerstört.

Mandalay ist die zweitgrößte Stadt der Region und gleichzeitig kulturelles Zentrum. Sie hat ihren eigenen Charakter bewahrt; Pferdewagen und Rikschas sind die öffentlichen Verkehrsmittel, und am *Irrawaddy* spielt sich das Leben noch wie vor Urzeiten ab. Frauen und Mädchen waschen in dem vom Monsun verfärbten, braunen Wasser ihre Wäsche, während Schaufelraddampfer gemächlich vorbei tuckern. Auch die Arbeitselefanten und Wasserbüffel, die riesige Stämme in den Fluss beförderten, die dann zu einem riesigen Floß zusammengebunden den Fluss hinuntergeschickt werden, machen das Bild *"Leben am*

Irrawaddy vor einhundert und mehr Jahren" komplett. Nichts hat sich seither verändert.

Um das alles von oben bestaunen zu können, machten wir uns zuerst auf den Weg zum *Mandalay Hill*, vorbei am *Mandalay Palace*; 1.730 überdachte Stufen führten hinauf. Man hatte von hier oben eine gigantische Aussicht; auf der einen Seite sieht man die Berge von *Shan State* und *Mandalay* mit dem breiten Fluss auf der anderen Seite. Hinunter ging es durch ausgedehnte Tempelanlagen, vorbei an zahlreichen Pagoden, und am Haupteingang empfingen uns dann zwei riesige Steinlöwen als Tempelwächter, die dem bewegten Treiben der Menschen nachsichtig zuschauten.

Leider war von dem auf dem Weg liegenden *Mandalay Palace* nicht mehr viel übrig. Es wurde 1945, am Ende des Krieges, durch ein Feuer vollständig zerstört. Die große Umfassungsmauer und mehrere Wachtürme stehen noch. Alles ist umgeben von einem breiten Wassergraben. Doch 1990 ließ die Militärregierung unter Einsatz von Zwangsarbeitern den alten Königspalast wieder aufbauen.

Noch vieles mehr wartete auf unsere Besichtigung: Da war z.B. das an einem Hang liegende *"goldene Palast Kloster Shwenandaw"*, das eine eigene Geschichte zu erzählen hat: Es wurde 1782 aus Holz gebaut, 1857 von König *Mindon* aus Angst vor der Zerstörung durch seine Feinde zerlegt, und im engsten Kern des Königspalastes wieder aufgebaut. Nach dem Tod des Königs, zwei Jahre später, ließ der Sohn 1880 es wieder außerhalb des Palastes ein drittes Mal errichten. Und so entkam es der 1945 im Königspalast wütenden Feuersbrunst. Die *Arakon Pagode* mit der *Mahamuni Buddha Statue*, ein über vier Meter großer Buddha, der voll mit Gold belegt ist, oder die *Kuthodaw Pagode* mit ihren 729 kleinen Marmor-Monolithen. Gleich daneben ist die beeindruckende Ruine des unvergleichlichen Klosters "*Atumashi Kyaung*". Wie gerne hätten wir auch hier länger verweilt.

Am Abend gönnten wir uns noch eine Aufführung der berühmten Puppenspieler. Die an Fäden hängenden und von kundiger Hand geführten Marionetten erzählten meist Geschichten aus der Zeit der Könige, sie handelten von Krieg, Liebe, Leben... Am Ende der Aufführung reichte man uns eine Kanne Tee mit einer einzigen Tasse herum, aus der wir nippen sollten. Man hatte dabei aber nicht bedacht, welch' Austausch von Viren und Bakterien durch die dreißig Lippenpaare, die den Tee-Tassenrand berührten, hätte stattfinden können, - wir blieben aber gesund.

Und so setzten wir uns am nächsten Morgen frohen Mutes in die Eisenbahn, die uns zurück nach *Rangoon* bringen sollte. Auf dem Bahnsteig wimmelte es von Menschen. Ein besonderes Bild wird mir in ewiger Erinnerung bleiben: Die vielen Kinder mit ihren Körben und Schüsseln von Essen auf ihren Köpfen tragend, die kleinen Hände mit ihren Eiern und dem in Zeitungspapier gewickeltem Salz, die sich uns entgegenstreckten, und die müden Gesichtchen, in denen sich Hoffnung widerspiegelte, etwas abgekauft zu bekommen. Auch unvergessen bleiben die fünfzehn Mädchen, denen ich jedem einen Kugelschreiber schenkte. Durch die morgendliche Kälte war die Tinte eingedickt, und demzufolge schrieben sie nicht. Erst durch mehrfaches Malen auf meinem Handteller wurden sie wieder brauchbar. Nachdem ich das demonstriert hatte, reichte mir jedes der Kinder ihren Kugelschreiber durch das Fenster zurück. Ich ließ jeden auf meinem Handteller rotieren und stellte damit unter Beweis, dass er auch wirklich schrieb. Am Schluss sah meine Handfläche wie ein tätowiertes Schlachtfeld aus.

Grün ist der Bahnhof, und exakt um 8 Uhr setzte sich der Zug ruckelnd in Bewegung. Er fuhr auf einem Schmalspur-Schienen-Strang, daher das große Geruckel. Wir hatten *upper class* und *reclining seats*, große, mit weißen Tüchern bezogene Friseurstühle mit verchromten Fußstützen, die sich verstellen ließen. Der Zug fuhr mit langsamer Geschwindigkeit, und so spürte man jede Schweißnaht in den Schienen. Wir fuhren an Hinterhöfen vorbei und konnten sehen, wie Frauen auf offenem Feuer ihr Frühstück zubereiteten. Es roch nach Feuer, Rauch, nach etwas Gegartem oder Gebratenem. Es dauerte eine geraume Weile, bis wir *Mandalay* hinter uns gelassen hatten. Wir machten es uns bequem und fingen an, unsere Mitreisenden in Augenschein zu nehmen. Man staune: In unserem Abteil saß der Sekretär des damaligen Gurus *"Bhagwan"* aus *Poona* mit seinem Gefolge, einigen hübschen jungen Mädchen. Wir kamen uns auf der langen Fahrt etwas näher, und so erzählten sie unbefangen aus ihrem Leben im Ashram. Der Sekretär war ein großer, junger, gutaussehender Mann, dem man es nicht ansehen konnte, warum er sein Leben und sein Geld dem Guru anvertraut hatte; er sah eher wie ein erfolgreicher Geschäftsmann aus. Poona war damals in aller Munde, und es galt als cool, einmal dagewesen zu sein.

Die lange eintönige Fahrt führte uns durch Dörfer, vorbei an Pagoden, an Reisfeldern und auch durch absolut leere graue Ebenen. Der Nebel stieg morgens aus den Flusstälern auf und abends wiederholte sich das Schauspiel; denn hin und wieder begleitete uns der *Irrawaddy-River* auf unserer Fahrt nach *Rangoon*. Wir kamen völlig erschöpft und schmutzig nach zehn Stunden Fahrt bei Dunkelheit an.

Zurück in *Rangoon*: Alle Zimmer in den uns zur Verfügung stehenden Hotels - privat zu wohnen war absolut verboten - sind ausgebucht, denn es ist Edelsteinmesse. Ein Junge von vierzehn Jahren nahm uns an die Hand und versprach eine Schlafstätte zu finden. Nach vergeblicher Suche brachte er uns zu seinem Onkel, dessen Schlafzimmer zur Verfügung stand. Wir sollten uns nur ruhig verhalten. Wir schlichen also eine steile schmale Treppe hinauf in die erste Etage. Ein langer Gang, von dem nebeneinander liegende Türchen, die aussahen wie Schranktüren, abgingen. Wie sich später herausstellen sollte, waren das winzige Zimmerchen, zwei mal drei Meter groß. Das

Schlafzimmer des Hausherrn war verglichen mit den Schrankzimmern reiner Luxus; wäre da nicht die dünne Matte auf einem Betonsockel, die als Bett diente, und die vielen Kakerlaken auf der Toilette gewesen. Wir richteten uns so gut es eben ging ein und fielen nach der langen Fahrt in tiefen Schlaf, - bis es an unserer Tür unsanft klopfte. Ein aufgeregter Onkel in einem langen Nachtgewand stand bibbernd und bittend vor der Tür, wir sollten doch sofort ausziehen; die Polizei wäre dagewesene und hätte ihn verwarnt, weil er Fremde aufgenommen hätte. Mittlerweile war es 24 Uhr. Wir packten schnell unsere wenigen Habseligkeiten zusammen und fielen fast die vielen steilen Stufen hinab und aus dem Haus. Die Finsternis verschluckte all unser Denken, doch der Vollmond brachte uns in die Wirklichkeit zurück. Man hätte meinen können, es wäre die Fortsetzung unserer Träume gewesen.

Der Junge nahm uns wieder an die Hand und führte uns durch dunkle enge Gassen. An einem Haus mit der Aufschrift "YMCA" blieb er stehen und versprach nach dem Fiasko reumütig ein vernünftiges Zimmer. Drinnen an der Rezeption saß ein alter verrunzelter Mann, der mit wichtiger Miene uns einen Schlüssel für ein Einzelzimmer im zweiten Stock in die Hand drückte. Es wäre alles ausgebucht und wir könnten von Glück reden, noch eine Schlafmatte bekommen zu haben. Wir stapften also müde die Treppen hinauf, bis wir zu einem riesigen Saal kamen. Es verschlug uns fast den Atem. Wie die Fledermäuse hing eine Hängematte an der anderen von der Decke herab, darinnen je eine "arme

Seele", - so dachten wir in diesem Moment. Die Freude darüber, in einem Einzelzimmer nächtigen zu dürfen, war riesengroß. Doch bald sollten uns die Freudenschreie im Hals stecken bleiben, nämlich als wir unser Etablissement in Augenschein genommen hatten. Ein ganz in der hintersten Ecke des Saales aus Latten gebautes Verließ sollte unsere "Glückswiese" werden. Der Ventilator, der sicher niemals einen Putzlumpen gefühlt hatte, setzte sich, eine unglaubliche Menge Staub verteilend, in Bewegung. Sofort schalteten wir ihn wieder ab, worauf es widerlich stickig wurde. Die Betten stanken nach ungewaschenen Menschen. In diesem Moment wusste ich nicht, ob ich weinen oder lachen sollte. Otto versprach mir eine Schlaftablette, und die Liegestatt wurde mit all den verfügbaren Handtüchern, Bettbezügen, Kopfkissen abgedeckt. Und so kam denn auch der Schlaf. Wir wollten sehr zeitig aufwachen, um ja den Toiletten- und Duschraum einigermaßen sauber anzutreffen. Zu unserer großen Freude begrüßte uns am nächsten Morgen eine riesige Duschanlage mit riesigen von der Decke hängenden Duschköpfen; sie versprachen eine gründliche Säuberung. Ja, wer hätte das gedacht: Die vermeintlich "armen Seelen" aus dem Schlafsaal, die in den Hängematten genächtigt hatten, waren ebenso wie wir Gestrandete. Ein befreiendes Lachen blubberte aus jedem Brustkorb hervor; wir alle nahmen es mit Humor. Welch' komische Story gab es da später zu erzählen.

Ab dieser Nacht konnte uns nichts mehr erschüttern. Wir waren gestählt. Die Hauptsache war: ... irgendwo schlafen ... irgendwo reinigen ... irgendwo essen.

All das hatten wir gemeistert, jetzt galt es nur noch, die Heimreise anzutreten.

"In Burma zu reisen ist eine Katastrophe, doch nur selten habe ich mich so glücklich gefühlt!" Diesen Worten des *Cees Nooteboom* in seinem Buch *"Im Frühling der Tau"* kann ich mich nur anschließen.

P.S.: Etwas muss ich unbedingt noch loswerden: Als wir in Bangkok total ausgehungert ankamen - wir hatten in den sieben Tagen fast nur von *One Tschad Tees* und Süßigkeiten gelebt, aus Angst, man könne ob des Drecks und der Armut und der wenigen Hygiene krank werden - besuchten wir den Fischmarkt mit angeschlossenem Restaurant. Da bekam man alles, was das Herz begehrte. Wir orderten *King Prawns*, gebratenen *Red Snapper*, Tintenfisch, dazu eine Flasche Sekt und Knoblauchbrot. Wir waren ja so verfressen. Ich hatte anschließend einen so schlimmen Eiweißschock, von dem es mir bereits in der Nacht schon hundeelend war. Und am folgenden Tag sollte es nach Hause gehen. Ich habe nie wieder so sehr gelitten, wie in diesen Stunden.

SULAWESI und BALI

Erster Teil - SULAWESI (Tana Toraja)

Wieder einmal standen unsere Koffer fertig gepackt für eine zweimonatige Reise nach *Sulawesi* und *Bali* und eine Tasche von Jimmy Oehm, einem Kunden aus einem chinesischen Restaurant, die wir in *Jakarta* seiner Schwester übergeben sollten, in unserer Diele, wartend auf das Taxi, das uns zum Flughafen Berlin-Schönefeld, d.h. erst einmal bis zur Grenze der DDR, bringen sollte. Die Weiterfahrt würde dann ein Bus der Öffentlichen Verkehrsbetriebe der DDR übernehmen.

Nun saßen wir bereits im Bus und warten auf die unausweichlichen Kontrollen, die in uns allen immer ein wenig Unbehagen hervor riefen. Dabei wollten wir doch nur mit dem Billigflieger Aeroflot mit einem Zwischenstopp in *Moskau* an unser Ziel *Jakarta - Java* gelangen. Unser Transportmittel war eine Iljuschin II, die aussah wie eine riesige Havanna-Zigarre; zu schwerfällig, um vom Boden überhaupt abheben zu können. Aber sie erhob sich in die Lüfte, auch wenn sie wie ein vollgefressener Tölpel wirkte. So kompakt wie die Maschine, so kompakt waren auch die Stewardessen, die uns etwas mürrisch an Bord in Empfang nahmen. Charme war nicht ihre Stärke. Ein Bild wird mir in ewiger Erinnerung bleiben: Eine beleibte Stewardesse hält einen großen Laib Brot in den Armen, und säbelt mit einem großen Messer Scheibe für Scheibe für die gesamten Passagiere herunter. Das ist wirklich wahr, obwohl man sich das nicht vorstellen kann.

Unser Zwischenstopp in Moskau wurde vergoldet durch den Einkauf von Kaviar, den man zu der damaligen Zeit preiswert im *Duty-free Shop* erstehen konnte. Das war sicherlich für viele Leute auch ein Grund, sich für die Aeroflot zu erwärmen. Auch ich gehörte dazu, denn ich liebe guten Kaviar.

In *Jakarta*, der Hauptstadt *Javas*, - *Java* zählt zu den vier großen Sundainseln: *Sumatra, Java, Borneo, Celebes (Sulawesi)*, und vereint gehören sie zu dem größten Inselstaat der Welt: *Indonesien* - erwartete uns die Familie von Jimmy Oehm, die sich sofort unserer annahmen und uns nicht mehr von der Leine ließen. Drei Tage wurden wir in der Familie herumgereicht, und alle wetteiferten sie bei der Zubereitung der Speisen. Jeder wollte uns mit dem Besten und Landes Üblichen erfreuen. Gott sei Dank ergatterten wir ein Bahnticket nach *Surabaja* noch rechtzeitig, bevor wir zu platzen drohten.

Die Bahnfahrt führte uns in zwei Tagen auf einer Schmalspur quer durch das Land, von *Jakarta* nach *Surabaya*, einem Ort an der Ost-Küste *Javas*. Wir hatten 1. Klasse Schlafwagen inkl. Vollpension gebucht. Die Sitze wurden nachts heruntergeklappt, und es entstanden einigermaßen erträgliche Schlafplätze. Luxus-Betten waren das allerdings nicht. Dafür wurden wir mit einem reichhaltigen Buffet entschädigt. Dazu zählte Suppe, Hauptgericht und Nachspeise. Auch wenn es in dem schaukelnden Zug sehr schwer war, einen Löffel Suppe überhaupt in den Mund zu bekommen, ohne dass die Hälfte wieder in der Suppentasse landete, so war es doch auf der langen Fahrt eine höchst willkommene köstliche Abwechslung.

Surabaya erreichten wir ausgeruht, und bevor unser Flug weiter nach *Ujung Pandang* auf *Sulawesi* startete, besuchten wir schnell noch den berühmten Zoo, in dem für uns vor allem die *Komodo*-Warane von besonderem Interesse waren. Die *Komodo*-Warane oder -Drachen sind Echsen aus der Gattung der Warane, die nur auf einigen der kleinen *Sunda-Inseln* anzutreffen sind: *Komodo, Rinca, Gili, Flores*. Sie werden bis zu 90 Kilogramm schwer und erreichen eine Länge von bis zu drei Metern. Bei der Jagd auf Beute, z.B. dem Mähnenhirsch oder dem Wildschwein, unterstützt eine Giftdrüse im Unterkiefer einen schnelleren Erfolg. Auf *Bali* lernten wir später ein amerikanisches Ranger-Ehepaar kennen, das uns mit auf *Komodo* nehmen wollte, aber das konnten wir zu diesem Zeitpunkt noch nicht ahnen. Jetzt aber waren wir erst einmal fasziniert von den gewaltigen Tieren. Bei der Masse, die sie mit sich herumschleppen müssen, kann man sich die Geschwindigkeit bis zu 18 Stundekilometer nicht vorstellen, wenn sie z.B. einer Beute hinterherjagen.

Ein kurzer Flug mit der Air Garuda brachte uns nach *Ujung Pandang* auf *Sulawesi* (früher *Makassar*), der Hauptstadt von *Süd-Sulawesi*. Speziell zu sehen gab es da wohl den größten Hafen für Segelschiffe. Von da aus wollten wir hauptsächlich das *Toraja-Land* erkunden. Der Drang nach Abenteuer war unser ständiger Begleiter, und so suchten wir einen Jeep mit Fahrer, der uns zu den unbekannten Orten bringen sollte. Bisher kannten wir nur so viel, wie in dem Buch *"Indonesien selbst entdecken"* nachzulesen war. Ein Bericht in der Zeitschrift "Geo" hatte uns aber erst auf das Land aufmerksam gemacht und unseren Appetit auf indigene Kulturen angeregt.

Entdeckt wurde die Insel von den Portugiesen im 16. Jhd. Zu der Zeit herrschte im Norden der *Sultan von Ternate (Molukken)*, der Rest wurde vom *Sultanat Makassar* regiert. Doch früher musste es schon einmal eine Hochkultur gegeben haben, wie Funde (buddhistische Statuen) bewiesen. 10.000 Jahre vorher begann die Besiedelung (siehe Höhlenmalerei bei *Ujung Pandang*). Den Portugiesen folgten die Holländer. Das Einkommen der Bevölkerung wird erwirtschaftet durch die Produktion landwirtschaftlicher Exportgüter wie Kopra, Kaffee, Tabak, Kautschuk, Gewürze sowie die Ausbeutung reicher Gold-, Nickel-, Eisen- und Kupfervorkommen.

Süd-Sulawesi ist geprägt durch seine landschaftliche Schönheit, dem Meer und dem gebirgigen bis zu 3.500 m hohen Zentralland, ebenso durch die exotischen Kulturkreise; dem jung-malaiischen *Buginesen* und den *Makassaren* sowie den alt-malaiischen *Torajas* im Norden. Die *Bugis* und die *Makassare*, obwohl ethnisch

100

und kulturell miteinander verwandt, auch beide sind Anhänger des Islam, waren sich jahrhundertelang spinnefeind. Die *Bugis* waren gerissene Kaufleute, ebenso wie versierte Seefahrer und rücksichtslose Piraten. Noch heute sind sie geschickte Bootsbauer und zimmern, wie zu Urväters Zeiten, ein- und zweimastige Frachtensegler, ohne Verwendung von Nägeln. Diese Boote haben keinen Innenausbau, sind schnell (bis zu 15 Knoten) und sehr seetüchtig. Sie orientierten sich bisher an den Sternen, den Strömungen, Wasserfarben und Korallenriffen.

Die *Torajas*, zu denen wir uns auf den Weg machen wollten, besiedeln den Norden von *Süd-Sulawesi*. Sie zählen zu den Altvölkern Sulawesis und sind eine altmalaiische Bevölkerungsgruppe, die vor 4.000 Jahren aus dem südchinesischen Raum eingewandert waren. Die Hälfte der Menschen sind zwischenzeitlich zum Christentum bekehrt worden, ohne aber ihre animistischen Vorstellungen und Riten aufgegeben zu haben. 5 Prozent zählen zu den Muslimen und der Rest hält an seiner uralten, heidnischen Religion fest.

Es war mit großen Schwierigkeiten verbunden, einen Jeep mit Fahrer zu finden, auch wenn sich mittlerweile einige Tourist Offices in den größeren Städten etabliert hatten. Doch wir hatten es geschafft. Am nächsten Morgen stand ein schwarzer Fahrer namens Boy mit seinem schwarzen McArthur Jeep auf dem Marktplatz und wollte, nachdem wir alles verladen hatten, sofort mit uns lospreschen. Die Sonne schien, und wir dachten, es wäre doch eine feine Sache, sie während der Fahrt auf unserer Haut spüren zu können. Auch der Wind, der uns während der Fahrt um die Nase wehen würde, sollte uns das Gefühl der Freiheit vermitteln. Und so begannen wir erst einmal, den Jeep zu entkleiden. So verrückt konnten auch nur die Touries sein. Bald hatte sich ein Pulk von mindestens zwanzig Menschen um unser Auto herum gebildet, meuternd ob des verrückten Vorhabens. Doch das Verdeck musste ab.

Es war ein langer Weg auf einer schlechten Straße von *Ujung Padang* (heute *Makassar*) nach *Rantepao*, einem Dorf mit 25.000 Einwohnern, jedoch die Hauptstadt des *Toraja-Landes*. Von da aus wollten wir sternförmig die Umgebung erkunden.

Unterwegs schon wurden wir Zeuge ihres Toten-Kultes. In vielen Höhlen der steil aufragenden Felswände befanden sich Totenschädel, teilweise in kleinen Booten ähnlichen Särgen beigesetzt, und herumliegende Knochen. Die Erklärung dafür lieferten später die Totenfeste, an denen wir teilnehmen sollten. Das wohl imposanteste Ritual der *Torajas* ist das *"Rambu solo"*, das Totenfest.

Kurz vor *Rantepao*, in einem kleinen Dorf, durch das wir kamen, lernten wir ein amerikanisches Lehrerehepaar kennen, das auf dem Wege zur Dorfschule war. Und so kam es, dass wir den dreißig Kindern, die in einem Gemeinschaftsklassenzimmer untergebracht waren, und dem Lehrer unsere Kinderreime vorsingen mussten.

Nach dem kleinen Intermezzo ging es weiter nach *Rantepao* in Begleitung des amerikanischen Lehrer-Ehepaares und dem Lehrer aus der Dorfschule, der den beiden als Guide zur Verfügung stehen sollte. Wir besaßen einen Jeep, sie verfügten über einen Guide; was für eine gute Konstellation, und so taten wir uns für die kommenden Tage zusammen.

Der Guide führte uns zu außergewöhnlichen Schätzen, zu denen ein Normalsterblicher niemals hingefunden hätte.

Eine ansprechende Bleibe fanden wir in dem *Toraja*-Cottage; es waren einfache, im *Toraja*-Stil erbaute Bungalows. Heute gehört die Anlage, vergrößert und mit Swimmingpool und Restaurant vervollständigt, zu den besten Hotels des Landes. Für das leibliche Wohl sorgte das *"Chez Dodeng"*, damals das Tourie-Treff schlechthin, bekannt auch für sein vorzügliches Essen. Heute soll es total heruntergekommen sein. Der Wirt war ein französisch sprechender *Toraja*, der immer zu Späßen aufgelegt war und so für ein fröhliches Miteinander sorgte.

Charakteristisches Merkmal eines jeden *Toraja*-Dorfes sind die langen schmalen, auf Pfählen errichteten Bambushäuser. Die Wände bestehen aus geflochtenen Matten, und on top thront das geschwungene Dach. Diese fast an Archen erinnernden Wohnstätten sind außen mit geschnitzten und bunt bemalten Brettern versehen, und über dem Eingang sind übereinander platzierte Büffelhörner angebracht. Die Wohnhäuser stehen jeweils auf der rechten Seite eines Dorfes, auf der linken befinden sich die Speicher. Sie sind sparsam ausgestattet, nur mit rohen Bänken und einem Tisch; Betten sucht man vergeblich. Die *Torajas* schlafen eingehüllt in ihren *Sarongs* auf einer Matte auf dem Boden.

Wichtiger Leitsatz des Glaubens eines *Torajas* ist, dass jeder Mensch zwei Seelen besitzt. Eine Lebens-Seele, die für die individuelle Persönlichkeit verantwortlich ist, und eine Todes-Seele, die darauf achtet, dass man sein vorbestimmtes Ende findet; sein eigentliches Sein. So ist der Tod auch kein trauriges Ereignis, sondern Anlass für das wohl imposanteste Ritual: das "*Rambu solo*", das Totenfest. Es gilt, die Verstorbenen milde zu stimmen, seine Schuld zu begleichen; haben sie doch die Macht, Wohlstand oder Verderben über die Hinterbliebenen zu bringen. Dieses Fest bewegt sich zwischen einem Tag und einer Woche, je nachdem, wie wohlhabend die Familie ist.

Die Leiche wird aber erst einmal einbalsamiert, in Decken gehüllt und für ein halbes Jahr in einen dunklen Raum gelegt, bis sie völlig ausgetrocknet ist. Dann ist es Zeit für die eigentliche Bestattungszeremonie.

Von überall her kommen Gäste angereist, bepackt mit Geschenken, z.B. Reis, *Tuak*, das ist Palmwein, der in Bambusstangen, die wie Orgelpfeifen zusammengebunden sind, transportiert wird, Hühnern, Hängebauchschweinen, die mit den Beinen zusammengebunden an einer Stange hängend zum Festplatz getragen werden, und natürlich dürfen die vielen Büffel nicht fehlen. Dafür werden im Dschungel regelrechte Dörfer errichtet, um all die Gäste unterzubringen. Nachdem die Geschenke registriert sind, beginnt das Tam mit rituellen Gesängen, Tänzen und Tieropfern. Den Hängebauchschweinen werden bei lebendigem Leibe die Borsten abgebrannt, bevor man sie stranguliert und schlachtet. Nicht selten befreien sich diese und suchen brennend das Weite. Die wunderschönen, fast weißen Büffel mit ihren blauen Augen werden mehrmals im Kreise herumgeführt, um sie zu präsentieren, bevor man ihnen mit einer Machete die Halsschlagader durchtrennt. Das Blut wird mit Bambusstangen aufgefangen und an die Honoratioren zum Trinken weitergereicht. Anschließend werden die Büffel zerlegt und an die Gäste verteilt. Je nach

Ansehen und Reichtum des Toten richtet sich die Zahl der geopferten Tiere. Die Leiche wird aus der Kammer geholt und unter Schreien mehrmals in die Luft geworfen, bevor man sie mit den Füßen Richtung Süden auf den Boden legt. Jetzt erst ist der tatsächliche Tod eingetreten.

Nun endlich kann das Freudenfest der Lebenden beginnen. Bis zur eigentlichen Bestattung aber vergehen noch einmal einige Monate. Der Tote bekommt einen bootsförmigen Sarg, in dem er in ein Felsengrab gelegt wird. Handelt es sich um eine Persönlichkeit, werden lebensgroße, holzgeschnitzte und bekleidete Figuren *"Tau"*, den Verstorbenen nicht unähnlich, auf einen Sims vor das Grab gestellt, um sich so vor bösen Geistern zu schützen. Berühmt sind die "hängenden Gräber - *"Erong"* - von *Lemo*, eingemeißelt in einer senkrechten Felswand. Auf Simsen vor der eigentlichen Grabhöhle stehen die weltberühmten *Tau*. Da gibt es viele, gleich von mehreren *Tau Taus* bewohnte Höhlen zu bestaunen. Sie schauen einen mit ihren fast beweglichen Augen an - dieser Effekt wird durch ihre besondere Maltechnik hervorgerufen - als würden sie noch leben, ...gruselig.

Eine besonders gruselige Atmosphäre empfing uns in einer abgelegenen Höhle; da beschlich uns der Eindruck, die Puppen kämen auf einen zu, so lebendig waren sie nachgebildet. Leider hat man in der Zwischenzeit viele dieser Figuren gestohlen. Die restlich Verbliebenen wurden an sicheren Plätzen untergebracht. Gott sei Dank kamen wir noch in den vollen Genuss und konnten das ursprünglich Geschaffene bewundern. Wir waren zu weiteren *Rambu solos* eingeladen, doch irgendwann konnten wir das Gemetzel nicht mehr ertragen, und wir machten uns von dannen; drei waren wirklich genug.

Wir verließen mit vielen neuen Eindrücken das *Toraja-*Land über die gleiche Holzbrücke mit ihrem schmucken Tor *"Welcome in Toraja-Land"*, über die wir vor Tagen noch jungfräulich gefahren waren. Unser Hunger war gestillt: genug der *Tau Taus*, genug der *Rambu solos*, genug der schönen Dörfer mit ihrer fremdartigen und einzigartigen Architektur. Die Hinfahrt ins *Toraja*-Land war noch beseelt von dem Wunsch, so schnell als möglich das Fremde kennenzulernen. Und so galt unser Augenmerk nicht der weiten grasbewachsenen Savanne, die sich über tausende von kleinen Hügeln erstreckte, oder dem wüsten Gebirgspanorama: tief ausgewaschene, fruchtbare Täler, darüber dichter Regenwald, aus dem graue Felswände hervorragen. Irgendwo fand sich darinnen immer eine Höhle, in der Totenschädel und Gebeine anzufinden waren.

Umso wacher zeigte sich jetzt unser Interesse an der abwechslungsreichen Landschaft. Durch nicht enden wollende Reisfelder und Terrassen schlängelte sich ein schmaler und holpriger Weg in die Berge.

Hin und wieder musste ein Fluss oder Bach überquert werden. Dabei war es für die Einheimischen sicher nicht befremdlich, dass die Brücken bereits dem Verfall preisgegeben waren. Es wurden über die Querbalken einfach nur Bretter gelegt und dann wurde gehofft, dass diese den Jeep tragen würden. Bei der ersten Brücke stiegen wir noch aus und hangelten uns zu Fuß auf die andere Seite mit dem Gedanken, dass der Absturz des Jeeps doch vorprogrammiert wäre. Doch Boy, unser Fahrer, meisterte die Herausforderung wie ein Profi. Bei der zweiten Brücke blieben wir dann todesmutig in dem Auto sitzen.

Unser Boy war schon ein seltenes Exemplar seiner Spezies. Entweder fuhr er wie ein Wahnsinniger, der einen *Race* zu gewinnen hoffte, oder er trödelte und träumte. Wir hatten einen Reifenplatzer mitten in der Pampa. Um den Ersatzreifen aufzuziehen, bedurfte es Geschicklichkeit und Zeit. Um die verloren gegangenen Stunden wieder einzuholen, es dunkelte bereits, nahm Boy eine Abkürzung und fuhr durch ein fast ausgetrocknetes Flussbett. Plötzlich, wir hingen in einem Wasserloch fest, sprang Boy wie von einer Tarantel gestochen aus dem Auto und begann dieses zu waschen mit den Worten: *"Car Swimmingpool"*. Eine Herberge unterwegs zu finden, war wirklich nicht einfach. 5-Sterne-Hotels waren kaum auf der Insel vorhanden. Doch in der entgegengesetzten Preisklasse fanden sich die ausgefallensten, verlaustesten, einsamsten Unterkünfte, die dann die unsrigen wurden. So haben wir doch tatsächlich einmal neben einem Puff, d.h. in dem Zimmer der Puffmutter, gewohnt. Das war allerdings in *Eldorado - Venezuela*. Wenn wir nach einer Reise mit unserer Ausbeute an Fotos nach Hause kamen und diese voller Stolz unseren Freunden zeigten, sagten die nur: *"Und dafür habt ihr auch noch Geld ausgegeben!?"* -

Wir fanden nach Ujung Padang zurück, und wie man so schön sagt, wir hatten das *Toraja*-Land gemacht. Wir gaben unser Auto und unseren Boy wohlbehalten zurück und stürzten uns sofort in das nächste Abenteuer, nämlich *Bali*.

Zweiter Teil - BALI

Bali, Insel der Glückseligkeit, der Götter und Dämonen, Insel der Tausend Tempel, oder Insel des Lächelns, der wohlgestalteten Menschen, der Morgenröte, des Lichtes, und und und, - man könnte noch viele Superlative hinzufügen.

Sie ist eine im Indischen Ozean liegende Kleine *Sunda*-Insel und gehört zu Indonesien. Bei Gründung des Staates 1945 war sie Teil der Provinz *Nusa Tenggara Barat*. Seit 1959 bildet sie zusammen mit den kleinen Nachbarinseln eine der 27 Provinzen der Republik. Sie wird von einem Gouverneur verwaltet, dessen Sitz sich in *Denpasar*, der Hauptstadt, befindet.

Ca. 1.500 v. Chr. begannen die meist aus Südindien stammenden Menschen die Insel zu bevölkern. Im 8/9. Jhd. n. Chr. hielt der Hinduismus seinen Einzug, und im Jahre 990 n. Chr. wurde das 1. Königreich gegründet. 1478 zog die hinduistische Oberschicht des *Majapahit* Reiches von *Java*, durch den Islam verdrängt, nach Bali. In der Folgezeit verselbstständigten sich die Provinzen. Ihre Herrscher, die *Rajas*, wurden nunmehr zu Könige. Die Niederländer besetzten *Bali* von 1846 bis 1942. *Bali* wurde dann bis 1945 von den Japanern annektiert. Am 17.08.1945 erfolgte die Proklamation von *Indonesien*. Seitdem ist sie Teil des Landes.

Bali ist eine der wenigen vom Islam verschonte Insel des indonesischen Archipels. Sie konnte im 16. Jhd. den Eroberungswellen standhalten, so dass der Hinduismus in seiner mit animistischen Vorstellungen gemischten Urform erhalten blieb.

Hindu kann man nicht werden. Der Hinduismus ist nicht nur eine Religion, sondern auch eine religiös soziale Komponente der indischen Kastengesellschaft, in die man hineingeboren wird. Die Ursprünge der ältesten Weltreligion, die keinen Stifter kennt, verlieren sich im Dunkel der Mythen. Erst in den *Veden*, dem heiligsten Buch der Hindus (1.500 bis 1.000 v. Chr.) beginnen Glauben und Riten konkreter zu werden. Der Glaube an das Karma und den Kreislauf der Wiedergeburt ist die Basis für die Vielzahl von Göttern. Die Götter-Trinität verkörpern:

Brahma - der Schöpfer, *Vishnu* - der Erhalter, *Shiva* - der Zerstörer und Heilbringer – (Buddha gilt als eine Inkarnation *Vishnus*)

Hinduismus bedeutet Einheit in der Vielfalt, d.h. es vereint viele Religionen in sich, die auch verschiedene Götter verehren können. Alle aber beten sie zu *Brahman*, der Weltseele und höchsten Gottesvorstellung im Hinduismus. Die Hindus betrachten ihre Religion als Ordnung der Welt, die dem Menschen vorschreibt, wie sie zu leben haben. Alle sehnen sich nach dem Ende der Wiedergeburt, denn das Leben bedeutet ewiges Leid. Drei Heilswege führen aus dem Kreislauf der Wiedergeburt: Weg der Erkenntnis - Weg des Handelns - Weg der Gottesliebe.

Bali wird von einer Kette aktiver Vulkane durchzogen, der höchste ist der *Gunung Agung* mit seinen 3.100 m, - Sitz der Götter. Aber auch der *Gunung Batur*, gelegen am Rande des *Batur Lakes*, ist beeindruckend, besonders, wenn man die Möglichkeit hatte, ihn bei Vollmond zu besteigen. - Davon werde ich später berichten. Im Norden fallen die Berge steil ab. An einen Streifen fruchtbaren Landes schließen sich graue und schwarze Strände an. Richtung Süden ist es umgekehrt; die Berge fallen flach ab. Im Küstenbereich dominieren ausgedehnte Palmen-Heine und kilometerlange weiße Sandstrände. Nach unserer Ankunft in Denpasar entschieden wir uns spontan für das nicht allzu weit entfernt gelegene *Sanuar Beach Resort*, einem 5-Sterne-Hotel, an dem noch ruhigen *Sanuar Beach*. Trotz Palmen und weißem Strand war dieser Abschnitt nicht sehr begehrt. Die vorgelagerten Korallen waren durch die Gewinnung von Zement fast alle zerstört, und um schnorcheln zu können, musste man ziemlich weit zum Riff hinausschwimmen. In *Kuta* und *Legian* tobte zu der Zeit bereits das Leben. Hohe Wellen und fantastische Sonnenuntergänge lockten viele Touristen an. *Nusa Dua* an der Südspitze von *Bali* war noch am Entstehen und ein Geheimtipp. Otto kannte die Insel von früheren Reisen und hatte mir von ihrer Einzigartigkeit vorgeschwärmt. Eigentlich waren nur zwei bis drei Tage fürs Schnuppern vorgesehen, doch das Schicksal wollte es, dass wir einen ganzen Monat blieben. Wir kamen abends an, und nachdem wir uns etwas feingemacht hatten, inspizierten wir unsere Umgebung. Nach den spartanischen Tagen in *Sulawesi* genossen wir ganz besonders den prallen Luxus und die Schönheit des Hotels. Ganz besonders fasziniert waren wir von einer Gruppe Musiker, die inmitten vieler Lämpchen im Garten saßen, und uns mit ihrer *Gamelan*-Musik verzauberte. *Gamelan* ist nur mit zwei Dingen zu vergleichen: mit Mondlicht und fließendem Wasser. „*Es ist so rein wie Mondlicht und dauernd wechselnd wie das fließende Wasser. Es ist einfach ein Zustand des Seins, wie das Mondlicht, das sich über das Land legt*", so schrieb *Jaap Kunst* in seinem Werk "*Musik auf Java*". Ja, so haben wir sicher auch empfunden. Das Orchester besteht üblicherweise aus Schlaginstrumenten, Röhren-Trommeln, Gongs, die an Holzgestellen hängen, ein Buckelgong und ein Kesselgong. Wichtig sind die

Metallophone, die mit Bambus-Resonanzkörpern ausgerüstet sind sowie zweiseitigen Stachelgeigen und eine Bambusflöte.

Die Vielzahl der tropischen Gewächse, überall blühte es in prachtvollen Farben, konnten wir am nächsten Morgen nach einem reichhaltigen Buffet bewundern. Auch eine Voliere fehlte nicht, in der bunte Papageie und andere Vögel, leider eingesperrt, das Szenario vervollständigte.

Wir hatten uns zwei Übernachtungen in diesem schönen Hotel gegönnt, denn 200 DM pro Nacht war ja auch ein stolzer Preis. Doch da ich so fasziniert war von der Atmosphäre, die uns überall umhüllte, entschieden wir uns für einen längeren Aufenthalt, so wir eine adäquate Unterkunft finden sollten. Ich sehe mich noch heute am Swimmingpool unter stechender Sonne auf unseren Koffern sitzen, während Otto auf Zimmerfang ging. Es war Hochsaison, und die Australier hatten bereits die Schlafplätze für sich beansprucht. In Australien herrschte zu der Zeit Winter, und außerdem konnte man auf *Bali* billig leben. Da war es doch naheliegend, den Urlaub da zu verbringen. Nach Stunden erst wurde ich aus meiner Warteposition befreit und belohnt für meine Geduld mit einem traumhaften balinesischen Haus, gelegen in einem traumhaften balinesischen Garten, fern des touristischen Trubels, nur durch einen kleinen Pfad vom Meer getrennt. Mr. Baramati vermietete privat dieses Haus mit drei Zimmern, Küche, Bad und Terrasse und drei weitere kleine Hütten. In einer davon lebte ein Deutscher, wir nannten ihn Tellergericht, da es ihn immer nach etwas Warmen gelüstete. Die anderen beiden Hütten waren leer. Und so fühlten wir uns wie die Besitzer, die schalten und walten konnten, wie es ihnen beliebte. Uns gefiel es so gut, dass wir einen ganzen Monat blieben.

Das Leben entwickelte sich sehr unkompliziert. Der Markt versorgte uns mit abwechslungsreichem Gemüse und köstlichem Obst. Fangfrische Fische und noch lebendes Geflügel, das vor unseren Augen geköpft und dann gerupft wurde, rundete unseren Speiseplan ab. Auch lernten wir auf unserem täglichen Gang zum Meer eine Amerikanerin kennen, die mit ihrem Mann und einem Hausmädchen ganz in unserer Nähe ein kleines Haus bewohnten. Sie waren die Ranger von *Komodo*, einer Nachbarinsel, auf der die berühmt berüchtigten *Komodo*-Warane leben.

Eines Tages kam das Hausmädchen mit einer auf einem Tablett liegenden Visitenkarte, auf der eine Einladung zum Tee vermerkt war. Damit begann eine herzliche Freundschaft. Sie machten uns auch bekannt mit einer Truppe von Engländern, die der alten Tradition des *"Hash House Harrier"* treu geblieben war. Das ist so eine Art Schnitzeljagd. Durch das Fährtensuchen haben wir viel von der Landschaft kennengelernt. Oft ging es durch Reisfelder, kleine Dörfer und manchmal nur querfeldein. Die vielseitigen Eindrücke, die wir dadurch gewannen, werden unvergessen bleiben. So sehe ich noch heute die Bilder vor mir, wie z.B. eine Frau mit nacktem Oberkörper an einem Bach saß und sich mit einem Kamm durch die nassen, frisch gewaschenen, wunderschönen langen schwarzen Haare fuhr, oder wie eine Mutter mit ihrem Baby vor der Tür ihrer Hütte saß und sich das Baby an ihrer Brust labte. Ich sehe noch, wie die Bauern mit ihren *Bali*-Rindern in alter traditioneller Weise ihre Nassreisfelder pflügten, und wie später die einzelnen Reispflanzen von singenden jungen Frauen in die überschwemmte Erde gesteckt wurden. Unvergessen bleibt auch der Blick auf die unzähligen am Straßenrand zum Trocknen ausgelegten Chillischoten

Hin und wieder gönnten wir uns ein Auto und besuchten einige der vielen Sehenswürdigkeiten der kleinen Insel. Sie war mit vielen Tempeln übersät. Der größte, älteste und heiligste davon ist der *Besaki Tempel*

(Muttertempel), gelegen am Fuße des höchsten und heiligsten Berges, des *Gunung Agung*, Sitz der Götter, somit Mittelpunkt der Erde. Dieser imposante Vulkan verdankt seine Entstehung - so die Legende - dem Zorn der *Hindu*-Götter, die vom Islam von den Gipfeln *Javas* vertrieben wurden und auf *Bali* Zuflucht suchten.

Ein Muss ist auch der *Tana Lot*, ein Tempel, der sich auf einem bei Flut vom Meer umschlossenen Felsenriff erhebt, und im Glauben der Balinesen die Mächte der Unterwelt bannt. Bei Sonnenuntergang, wenn sich die Schreine des Heiligtums gegen den flammenden Himmel abheben, und sich Scharen von Menschen über die dem Tempel gegenüberliegenden Hänge ergießen, um an diesem Schauspiel teilzuhaben, kann man diese schon mal vergessen; denn man wird so in den Bann der Sonne gezogen, besonders, wenn sie glutrot im Meer versinkt.

Eine der Traumstraßen im Osten von *Bali* führt von *Denpasar* nach *Ubud*, der Künstlerstadt, und weiter in Richtung Norden nach *Singaraja*, vorbei an imposanten Vulkanen: *Gunung Agung* 3.142 m, *Gunung Abang* 2.152 m, *Gunung Batur* 1.717 m (liegt am Rande des *Lake Batur*), *Gunung Penulison* - 1.745 m

Ubud liegt inmitten einer alten Reisfeld-Terrassen-Landschaft, und ist von dunkelgrünen Dschungel-Hügeln mit tief ausgewaschenen Bach- und Flusstälern umgeben. Die unzähligen, reich geschmückten Tempel, einer prachtvoller als der andere, vermischt mit den überall dargebotenen Produkten des Kunsthandwerks gibt dem

Ort ein ganz besonderes Gepräge. Dazu kommen die verführerischen Düfte, die aus den Garküchen aufsteigen. Dieser Ort von 30.000 Einwohnern ist der kulturelle Mittelpunkt von *Bali*. Er ist bekannt nicht nur für sein Kunsthandwerk, sondern auch für seine Museen, seine Musik, seinen Tanz und das gute Essen. Die Tradition der Steinmetze, Gold- und Silberschmiede, der Weber, Holzschnitzer, Töpfer und Maler ist sehr alt. Und erst in den letzten Jahren hat man die umliegenden Dörfer damit beauftragt, für die Touristen die unverzichtbaren Mitbringsel herzustellen. So gibt es spezielle Dörfer, die z.B. nur malen oder schnitzen oder töpfern usw. Die Märkte und offenen Ladengeschäfte quellen über ob des reichhaltigen Angebotes an Waren. Es ist ein buntes Durcheinander, und das Auge hat es schwer, sich nur auf einen Gegenstand zu konzentrieren. So lässt man sich gerne dazu verführen, etwas zu kaufen, auch wenn man es am Ende gar nicht haben will.

Versäumen sollte man auf keinen Fall die faszinierenden Tanzaufführungen, die in jedem Tempel dargeboten werden. Am bekanntesten und berühmtesten ist der Mystische Feuertanz - der *Kecak*. Zum Sonnenuntergang findet sich eine Gruppe von mehreren Männern mit nackten Oberkörpern, und nur mit einem schwarz-weißen *Sarong* bekleidet, das ist ein langes Tuch, das um die Hüften geschlungen wird, auf den Vorhöfen der Tempel zusammen. In einem von Fackeln beleuchteten Kreis beginnen sie langsam ihren monotonen Gesang. Die Stimmen werden allmählich lauter und das Tempo steigert sich. Die Leiber wallen hin und her, und immer extatischer wird der Tanz. Neue Personen treten hinzu: Männer mit furcherregenden Masken und anmutige Frauen, die in herrliche Kostüme gekleidet sind. Der rhythmische Gesang "*tschak, tschak, tschak*" gleicht einem Stakkato, und die Tänzer geraten in Trance. In diesem Stadium sind sie bereit, über glühende Kohlen zu gehen.

Der Tanz erzählt von *Sita* und *Prinz Rama*, die ineinander verliebt sind, und von dem bösen Dämon *Raksasa*, der durch eine List die Geliebte raubt, und von *Ramas* Rettungsversuch. Schließlich eilt der weise Affengeneral *Hanuman* zu Hilfe, besiegt den Dämon und steckt ihn in Brand. Leider hatten wir nie die Gelegenheit dazu, dieses herrliche Schauspiel zu sehen.

Ganz in der Nähe von Ubud ist ein Besuch des "*Scared Monkey Forest*" mit seinen drei heiligen Tempeln und den hundert grauhaarigen Makaken zu empfehlen. Sicher, die vielen Affen, die einem alles stibitzen wollen, sind ganz schön lästig. Doch das pittoreske Drumherum stimmt einen wieder versöhnlich.

Ein weiteres Highlight auf unserer Besichtigungstour war der *Agung Batur*, der am Rande des *Lake Batur* steil in den Himmel ragt. Diesen galt es zu besteigen. In *Toya Bungkah* bei den heißen Quellen, am Fuße des Vulkans, hatten wir uns eine Bleibe gesucht, und starteten den Aufstieg gegen Mitternacht. Der Mond stand hell und voll am Himmel, fast zum Greifen nah, und führte uns sicher auf dem Weg über wild bewachsene Lavafelder nach oben. Wir wollten rechtzeitig den Gipfel erreichen, um ja keine Sekunde des atemberaubenden Schauspiels des Sonnenaufgangs zu verpassen. Ursprünglich begleitete uns ein Führer, der aber bei der dritten Person, die sich uns angeschlossen hatte und unterwegs schlappmachte, zurückblieb. So gehörte uns der Augenblick oben auf dem Kraterrand stehend ganz allein, als die glutrote Sonne sich am Horizont immer höher in die Welt schob. In absoluter Ruhe und Einsamkeit genossen wir die Abfolge des Ereignisses.

Auf der dem Vulkan gegenüberliegenden Seeseite liegt von den senkrecht aufragenden *Caldera*-Wänden begrenzt, das völlig isoliert gebliebene Dorf *Trunyan*, das von den Ureinwohnern *Balis*, den *Bali Aga*, bewohnt wird. Das Besondere, Einzigartige und Extraordinäre ist der Friedhof. Dort werden die Toten, in Tücher gewickelt, aufgebahrt und der Sonne, dem Regen und dem Wind dargeboten, bis sie verwesen und zerfallen. So kann man noch ein paar Skelette, die sich in der Sonne räkeln, und herumliegende Knochen, allerdings nur vom Boot aus erspähen. Zu unserer Zeit durfte man den Ort nicht betreten; aber dazu hatten wir auch kein Verlangen.

Eine weitere Attraktion an der Ostküste, in der Nähe von *Candi Dasa*, ist der dem Meer gegenüberliegende *Fledermaus-Tempel*, der *Pura Goa Lawah*, ein Höhlen-Tempel, der zu den sechs Heiligtümern von *Bali* gehört. Bevor er im 11. Jhd. ein hinduistischer Tempel wurde, war er eine animistische Kultstätte, gewidmet dem Tod und den Seelen verstorbener Ahnen. Tagsüber hängen tausende von Fledermäusen in Trauben von den Decken herab. Des Nachts sind sie unterwegs auf Nahrungssuche. Nur den Hindustans ist es erlaubt, diesen Tempel zu betreten. Ob des Gestankes kann man darauf auch gerne verzichten.

Von ganz besonderer Wichtigkeit ist den balinesischen Hindustans die Kremation ihrer Verstorbenen. Es sind verschwenderische Anlässe, an denen der Tod zum Fest wird. An diesem Tag darf nichts schiefgehen, denn das wäre ein böses Omen für das Weiterleben der Seele im Jenseits.

Es wird ein Verbrennungsturm aus Holz, buntem Papier und Bambus gebaut. Darin wird der Tote aufgebahrt und von den weiß gekleideten Hinterbliebenen durch das Dorf getragen. Übrigens „Weiß" ist die Farbe der Trauerkleidung. Damit soll der Sieg über die eigentliche Trauer ausgedrückt werden, denn endlich ist der Verstorbene von dem Leid und der Qual des Lebens befreit. Das Ritual der Verabschiedung wird zum Freudenfest. An jeder Kreuzung wird der Turm um seine eigene Achse gedreht, um die bösen Geister zu verwirren. Begleitet wird das Zeremoniell mit Musik und fröhlichem Tanz. Auf dem Verbrennungsplatz wird der Tote dann in eine Art Sarkophag in Form eines Tieres gelegt. Diese ganze Herrlichkeit geht dann in Flammen auf. Je nach Abstammung, Kaste und Beruf des Verstorbenen ist die Kremation mehr oder weniger aufwendig. Ärmere Balinesen, die sich eine Kremation nicht leisten können, begraben ihre Toten vorläufig und verbrennen sie dann bei der nächsten großen Kremation. Am Tage darauf wird die Asche der Verbrannten ins Meer oder in einen Fluss gestreut.

Während der Zeit, in der wir auf *Bali* weilten, gab es nur wenige Fremde, die diesem Ritual beiwohnten. Heute kann man ob der großen Menschenmenge nicht mehr verfolgen, was eigentlich vor sich geht.

Zu Geburt und Tod gehört natürlich auch die Zugehörigkeit zu einem Menschen, mit dem man sein Leben verbringen möchte. In früheren Jahren wurde die Ehe noch von den Eltern der Heiratsfähigen arrangiert. Heute sucht sich fast jeder selbst seine "fehlende Hälfte", und dieser Vorgang führt dann zu diesem Spektakel, das man Hochzeit nennt.

Wir hatten das Glück, von unserem Vermieter, Herrn Baramata, zu einer besonderen Hochzeit eingeladen worden zu sein. Das Brautpaar stammte aus königlicher Familie. Dementsprechend aufwendig waren die Feierlichkeiten, die drei Tage in Anspruch nahmen, wobei am ersten Tag das eigentliche Ja-Wort vor dem Priester in einer langen Zeremonie in Gegenwart der Angehörigen und Freunde gegeben wird. Anschließend ging es in einer Prozession zum Tempel.

Doch erst einmal wurde die Braut, und sicher auch der Bräutigam, viele Stunden geschmückt, geschminkt, die Haare mit der Krone gerichtet und die prunkvollen Kleider angelegt. Wir durften dabei zuschauen; ich hätte bestimmt nicht so viel Geduld aufbringen können. Otto und mich hatte man balinesisch, passend zu der königlichen Hochzeit, gekleidet; ich im *Sarong*, einer Seidenbluse und einer so eng geschnürten Scherpe, die den später gereichten Köstlichkeiten den Eingang zum Magen fast versperrte. Otto war von einem echten Balinesen nicht mehr zu unterscheiden.

Am zweiten Tag wurde in großem Rahmen - ca. 500 Personen - gefeiert. Den vielen Gerichten konnte man kaum widerstehen. Und natürlich durften die *Gamelan*-Musiker, die in kleinen Gruppen verstreut auf dem Rasen saßen und ihre zum Träumen animierende Musik erklingen ließen, nicht fehlen.

Der dritte Tag war vorgesehen für die weitläufige Bekanntschaft, die einmal *Hallo* sagen und ihre Geschenke übergeben wollten. Man kann es kaum glauben, aber das Brautpaar thronte noch immer in alter, d.h. mittlerweile etwas mitgenommener, Pracht auf ihrem Podest. Ob sie zwischendurch geschlafen haben, bleibt ein Geheimnis.

Wenn wir nicht gerade *on tour* waren, genossen wir den Strand, der allerdings bei Ebbe nicht zu gebrauchen war; denn erst viele Meter weiter draußen lag das Riff, hinter dem der Schwimm- und Schnorchel-Spaß hätte beginnen können. So begnügten wir uns in dieser Zeit mit den Swimmingpools der benachbarten Hotels. In besonderer Erinnerung sind mir die malerisch gelegenen kleinen Pools im *Gazebo Hotel* und dem *Sandrian*, die von in balinesischem Stil erbauten Bungalows umsäumt waren.

Die Tage waren ausgefüllt mit Einkauf, Kochen, Waschen, Baden; der Besuch des Marktes gehörte aber fast immer dazu. Nicht nur, weil unsere amerikanischen Freunde uns mit ihrem Jeep beförderten, sondern es war für uns zu einem Muss geworden, sich durch die auf Tischen und am Boden liegenden Berge von feilgebotener Ware zu kämpfen. Da lagen hunderte von Melonen, Ananas, Durian (Stinkefrucht), die sehen aus wie Melonen mit riesigen Dornen, auf dem Boden. Da sah man Unmengen von Gemüse, Obst, Kräutern, Gewürzen und auch Fleisch, auf dem die Schmeißfliegen um einen geeigneten Landeplatz wetteiferten. Man sah Geflügel, eingesperrt in kleine Käfige, darauf wartend, dass ihnen der Kopf abgeschlagen wurde. Und man sah wunderschöne Fische, denen man lieber im Meer begegnet wäre. Und das spielte sich jeden Tag unter Wellblechdächern in sengender Hitze und inmitten eines Gewimmels von Menschen ab.

Aber alles hatte einmal ein Ende. Zurück ging es nach *Jakarta*, wo wir noch ein paar Tage verweilten. Doch *Jakarta* war nicht der Ort, nach dem sich unsere glücklichen und befriedigten Seelen sehnten. Es gibt schönere Großstädte, die zu erforschen sich lohnen.

Und so flogen wir vollgestopft mit neuen Eindrücken und Erfahrungen mit "einem weinenden und einem lachenden Auge" zurück über Moskau nach Hause.

Am Schluss möchte ich noch bemerken, dass Bali auch heute noch bereisenswert ist, doch durch den immer mehr zunehmenden Tourismus auch zum Ziel terroristischer Aktionen werden kann. Man denke nur an den Bombenanschlag im Jahre 2002 in *Paddy's Bar*, einer Disco in *Kuta*, wo zweihundertzwei Menschen, fast ausschließlich Australier, zu Tode kamen, oder auch im Jahre 2005, wo zwei Bomben gleichzeitig in *Jimbara* und *Kuta* gezündet wurden, und dreißig Menschen mit in den Tod rissen. Es wäre sehr schade um das einzigartige Bali, das so viele Fremde in ihren Bann zieht und sie verzaubert, wenn aus Besorgnis keiner mehr käme.

Bis der Tsunami kam

THAILAND

1996 bis zum 26. Dezember 2004, 10 Uhr morgens

... und wie wir dort unser Paradies zum Überwintern *Khao Lak - Nangthong Bay Resort* fanden.

Otto und ich hatten das „Abenteuer Mühle" sauber beendet: Wir zogen nämlich kurzerhand nach eineinhalb Jahren wieder aus. Der Umbau des Pferdestalls, Teil der dreihundert Jahre alten Wassermühle in *Dienethal*, die meiner Schwester und ihrem Mann einmal als Alterssitz dienen sollte, hatte ein ganzes Jahr in Anspruch genommen. Otto hatte seine ganze Liebe und Zeit ins Ausmisten, Abreißen, Bauen, Malen usw. gesteckt. Wir zogen mit viel Hoffnung und Phantasie ein. Christine, meine Schwester, und deren Mann Alex wollten noch ein Jahr in ihrer Messebaufirma tätig bleiben, sie danach meinem Neffen Marcus übergeben, um dann für die Zukunft auf der Mühle leben zu können. Wir wollten gemeinsam im Mühlenkeller einen Trödelladen eröffnen. Die alte Mühle barg genug Schätze, die verkauft werden konnten. Auch wir hatten so einige Pretiosen angehäuft, die unbedingt den Besitzer wechseln wollten.

Doch nur wenige freudenreiche und friedvolle Monate waren uns vergönnt, bis sie eines Tages uns mit der

Neuigkeit überraschten, sich trennen zu wollen. Leider hatten wir von der Entwicklung zu dieser Entscheidung nicht viel mitbekommen, sonst wären wir gar nicht erst auf die Mühle gezogen. Die Idee dazu entstand während eines feuchtfröhlichen Aufenthaltes bei ihnen. Eigentlich wollten wir ja nur ein bisschen in ihre Nähe rücken, und in der malerischen Gegend um Nassau an der Lahn herum ein kleines Häuschen kaufen. Aber das ist eine andere Geschichte.

Jedenfalls war dies das Signal unseren geheimen Wunsch zu realisieren und für längere Zeit auf Reisen zu gehen. Bis auf die Möbel lagerten wir alles aus. Die Mühle befand sich ziemlich einsam am Ende eines kleinen Dorfes; für Einbrecher eine Einladung. Erst nach der Rückkehr von unserer Reise wollten wir auf Wohnungssuche gehen. Und so packten wir wieder einmal unsere Koffer.

Viele Länder hatten wir bis dato bereist. Die reichhaltige Inselwelt, die vor Thailands Haustür in üppiger Zahl in der *Andamanen See* und im *Golf von Thailand* anzutreffen ist, waren für uns noch unbekannte Ziele. Ein Inselhopping wäre da für die vielen Monate sicher eine fesselnde Aufgabe. Zur Auswahl standen u.a.:

Erstens: Der in der Straße von *Malacca*, oberhalb von *Penang* und *Langkawi* liegende Nationalpark „*Tarutao Archipelago*" mit der Hauptinsel *Koh Tarutao* und den abseits gelegenen kleineren Inseln *Koh Adang, Lipe, Kra, Koh Rawi.*

Eine traumhafte Inselwelt rund um die Hauptinsel *Koh Tarutao* erwartete uns nach vierstündiger Fahrt mit einem kleinen Fährschiff. Weiter ging es dann ca. 60 Minuten mit einem Longtail Boot nach *Koh Lipe*. Das flache Boot glitt über türkisblaues, klares Wasser, so dass der Blick ungehindert zu den fast bis zur Oberfläche reichenden Korallenstöcken gleiten konnte. Die darin sich tummelnden und in allen Regenbogenfarben leuchtenden Fische waren zum Greifen nahe. Man hätte nur die Hand ausstrecken müssen, um einen zu fangen. Bald sah man das noch schemenhaft am Horizont auftauchende, doch sich immer schneller nähernde Inselchen *Koh Lipe*, über das in einem Reiseführer auch nur das Geringste zu lesen gewesen wäre. Aber Neues entdecken war unsere Devise. Und so landeten wir auf gut Glück unterhalb eines Hanges, auf dem windschiefe, weniger einladende Bambushütten standen. Unser weniges Gepäck bestand aus zwei Reisetaschen, die wir auf dem Kopf tragend, watend durch kniehohes Wasser, ans Ufer brachten. Uns empfing ein weißer, von Palmen und Casuarinas gesäumter und durch die Glut der Sonne aufgeheizter Bilderbuchstrand. Außer den wenigen Hütten war weit und breit nichts zu sehen, was auch nur einer Ansiedlung von Menschen geähnelt hätte. Der dunkle, grüne Dschungel schien die gesamte Insel zu umschlingen.

Mit der Absicht, in den nächsten Tagen die Insel zu erkunden, und dabei doch noch eine nettere Bleibe zu finden, entschieden wir uns erst einmal für eine Hütte, die uns am wenigsten baufällig und schmutzig erschien. Die Anlage wurde von einer muslimischen Familie bewirtschaftet.

Keine Wanzen, keine Flöhe, nur wenige Moskitos belästigten uns des Nachts unter dem reparaturbedürftigen Moskitonetz. Nach dem kargen Frühstück machten wir uns auf den Weg, immer am Meer entlang. Unterwegs trafen wir auf die *Chao Nan* (Wasservolk) oder auch *Chao Le* (Leute des Wassers), das sind Nomaden der Meere - Seezigeuner, *Sea Gypsies*, wie sie auch genannt werden, Halbnomaden, die mit ihren kleinen Booten, auf denen Küche, Wohn- und Schlafzimmer auf engstem Raum untergebracht waren, leben, und von Insel zu Insel ziehen. Die Monsunzeit verbringen sie an Land. Dafür haben sie sich Hütten auf Pfählen über dem Wasser gebaut. Der Fischfang, das Tauchen nach Muscheln, Seegurken oder anderen Meeresfrüchten, das Jagen mit Speer oder Fallen nach Wildschweinen, z.B. auf der gegenüberliegenden Insel *Koh Adang*, ernährt sie. Sie erzählten uns mit Gesten, dass auf der anderen Seite der Insel, direkt vor ihrem Friedhof gelegen, eine andere Anlage mit einigen wenigen Hütten zu finden wäre. Also quälten wir uns auf einem Trampelpfad quer durch den Dschungel. Es tat sich eine Bucht auf mit herrlichem weißen Strand. Die wenigen Hütten standen dahinter eng in Reih und Glied, als gäbe es auf der Insel nur wenig Land; das ist typisch für die Thailänder, nur keinen Raum verschwenden, auch wenn genügend vorhanden ist. Zusammengebundene und an Pfählen befestigte Bastmatten ersetzten die Hauswände, obendrauf lag das Dach aus getrockneten Palmenwedeln, keine Fenster, nur Luken. Auf dem Boden lagen dünne Matten aus Schaumstoff, fünf Zentimeter dick, und das war es auch schon. Der Duschraum verfügte über eine Tonne, aus der das Wasser für die große Wäsche geschöpft wurde und dazu gab es dann noch ein Hock-Klo. Natürlich war auch keine Elektrizität vorhanden. Wir hatten einen Gaskocher, auf dem wir hin und wieder die berühmten „5 Baht Suppen" kochten, das sind feine Nudelsuppen mit ein wenig Brühe. In der Nähe gab es einen kleinen Tante-Emma-Laden und eine Teestube bzw. Restaurant. Das Trinkwasser holten wir aus einer in der Nähe liegenden Quelle. Kein Wunder, dass ich immer dünner wurde. Einmal in der Woche wurde ich von Otto auf einer Lastenwaage in dem Tante-Emma-Laden verwogen und für zu dünn befunden.

Auf unseren Wanderungen, am Meer entlang und quer über die Insel, lernten wir einen jungen Mann, namens Tin, kennen, der anbot, uns mit seinem *Longtailboot* die umliegenden Inseln zu zeigen. Sechs andere Personen - zwei Franzosen, zwei Amerikaner, zwei Deutsche - hatte es ebenfalls auf die Insel und in unsere Anlage verschlagen, und die waren genauso dankbar wie wir für eine Abwechslung. Und so mieteten wir Tin mit seinem Boot, in dem gerade einmal neun Personen Platz fanden.

Doch erst einmal mussten wir uns an das spartanische Leben gewöhnen. In der ersten Nacht krabbelten noch Scharen von Kakerlaken über den Holzboden bzw. über uns. Dem sollte schnellstens Abhilfe geschaffen werden. Das Strandgut hatte sich reichhaltig in dem den Strand säumenden Gebüsch verfangen, wir mussten nur gut suchen, um genug Material zu finden, um eine große Klatsche zusammenbauen zu können. Bambusstangen, alte Plastikkörbe, Bindfaden, und eins fix drei war die Fliegenklatsche fertig. Nach der darauffolgenden Nacht lagen dann zig erschlagene Kakerlaken um uns herum auf dem Boden.

Damit war eine der vielen Widrigkeiten behoben. Jetzt galt es, etwas gegen die Dunkelheit in unserer Hütte, die des Nachts alles verschlang, obwohl die Fensterluken offenstanden, zu unternehmen. Leider hatten wir während unseres einmonatigen Aufenthaltes auf der Insel nur einmal Vollmond, der dann einige Tage voll in unsere Hütte schien. Ein Öllämpchen, das wir in einen Blecheimer stellten, damit sie uns nicht blendete, sollte genügen. Die Tür musste leider geschlossen bleiben wegen der Hunde, die auf der Insel wild herumstreunten, und auch der Ratten wegen. Sie machten sich über alles her, was beißbar war. So suchten wir stets unsere Seife, hatten Löcher in den Rucksäcken und Schuhen usw. Vielleicht schickten die Ahnen der *Chao Le*, die hinter unserer Hütte ihre letzte Reise antraten, diese Plage, weil wir ihre Ruhe störten.

Aber nun hatten wir wirklich eine ernst zu nehmende Aufgabe zu lösen: Wohin in einer völlig leeren Hütte mit unseren Pässen, Geld, Flugtickets? Die Wände bestanden aus Bastmatten, der Boden aus breiten, mit großen Lücken verlegten Brettern, so dass wir unter uns den Sandboden sehen konnten, und das Dach war gedeckt mit Lagen von Palmwedeln. Wir schauten hilflos nach oben, - und in diesem Augenblick kam uns die Erleuchtung. Was wäre, wenn wir unsere Wertsachen in einer Taucherbrillendose oben am Dachfirst unter den Palmwedeln befestigten. Wir hatten keine Leiter, und der Dachfirst befand sich ca. zwei Meter über unseren Köpfen. Ich war damals 55 Jahre alt und noch sehr sportlich. Also kletterte ich auf Ottos gebeugtes Knie und dann auf seine Schulter. Während ich mich an den Wänden abstützte, stand Otto langsam auf, und ich konnte bequem die Dose befestigen. Jedes Mal aber, wenn wir etwas Geld benötigten, mussten wir diesen akrobatischen Akt, der eigentlich in den Zirkus passte, vollführen. Und so hielten wir uns fit, und es machte auch noch Spaß. Doch eines Nachts kam starker Sturm auf, der fast unsere Hütte weggeblasen hätte, der machte gar keinen Spaß. Wir lagen auf unseren fünf Zentimeter dicken Matten und dachten nur an die Dose, die oben unter dem First mit den Palmwedeln hin und her wiegte, und was passieren würde, wenn das Dach davon flöge. Zum Glück war der Wind so schnell wie er gekommen war, weg, und wir konnten uns wieder beruhigt unseren Träumen widmen.

Endlich war alles zu unserer Zufriedenheit erledigt; Zeit, auf Entdeckungsreise zu gehen. Tin hatte ein kleines Boot mit Außenbordmotor, gerade mal Platz für neun Personen. Unseren ersten Stopp machten wir auf der gegenüberliegenden Insel *Koh Adang*. Man hätte auch hinüberschwimmen können, so nah war sie.

Die Insel war unbewohnt; nur ein paar baufällige Hütten standen für den Besuch der National-Park-Ranger bereit. Der Dschungel breitete sich über die ganze Insel aus, der nur von ein paar Wasserfällen durchschnitten wurde. Einen davon haben wir bestiegen. Nur mit einem Bikini bekleidet und mit Turnschuhen an den Füßen stiegen wir im Dunst des Wasserfalles badend von einer Terrasse zur anderen, bis wir oben auf 600 Meter erschöpft ankamen. Ein gigantischer Blick über die Insel entlohnte uns für die Mühen. Unter uns sah man nur das intensive Grün der Baumwipfel, umgeben von türkisblauem Wasser. Hin und wieder raschelte es im Geäst; doch das waren nur die Wildschweine, die es zuhauf gab, und von den *Chao Les* mit Speer gejagt wurden.

Tin sollte auch für die restliche Zeit, die wir auf der Insel verbringen würden, unser Führer und Käpt`n sein. Und so machten wir uns am nächsten Tag gleich wieder auf, die schönsten Tauch- und Schnorchelplätze aufzusuchen. Der Nationalpark war berühmt für seine vielseitigen und farbenprächtigen Korallengärten und dem klaren Wasser. Nur Gott sei Dank gab es keine Besucher, vor allem gab es keine Riesen-Kutter voller Japaner, die sich mit Rettungswesten ins Wasser warfen, und mit ihren Flossen die Korallenstöcke kaputt gestrampelt hätten. So erlebt in den letzten Jahren auf *Koh Similan*.

Überall da, wo es interessant zu sein schien, sprangen wir ins Wasser. Auf unserer Fahrt entdeckten wir auch ein ganz winziges Atoll, auf dem in der Mitte ein Baum thronte. Es bestand nur aus kleinen, schwarzen, nierenförmigen, glatten Steinen. So etwas hatten wir noch nie gesehen. Der Reiz, einen mitgehen zu lassen, war groß. Doch hätte jeder so gehandelt, gäbe es bald kein Inselchen mehr. Ich hoffe, dass es noch viele Besucher staunen lässt ..., denn ich muss zu meiner Schande gestehen, ich konnte mich von zwei so warmen und schwarzen Steinen, die gerade einmal in eine Hand passten, nicht trennen. Ich weiß nicht, wie es den anderen erging; aber die Strafe folgte auf den Fuß. Als wir auf den glatten Felsen einer anderen Insel herumturnten, griff uns ein Schwarm Hornissen an. Pierre, der Franzose, wurde sechsmal gestochen, und mir stieß eine ihren Stachel direkt in meinen weißen Turban, der aus Mullwindeln bestand, und den ich immer trug. Damals gab es noch keine Kappen, wie sie heute von Männlein wie Weiblein getragen werden.

Mit Tin und den vielen Exkursionen, die wir von seinem Boot aus starteten, verliefen die Tage wie im Fluge. Dazu kam, dass wir an den Tagen, die wir nicht auf dem Meer verbrachten, lange Wanderungen quer über die Insel und am Meer entlang unternommen hatten. So entdeckten wir auch ein kleines Dorf inmitten eines großen Palmenhains. Die Menschen lebten von dem, was die Palmen zu bieten hatten. Eine Palme ist sehr kostbar, kann man doch aus jeder „Faser" etwas herstellen:

Die Palmwedel werden zu Zäunen, Matten, Körben, Besen verarbeitet, und die jungen Blätter kann man sogar gekocht als Gemüse (Palmkohl) essen. Aus den alten Stämmen gewinnt man dickflüssigen, grauen Saft, der dann zu Palmwein vergoren herrlich schmeckt. Die Kokosnüsse liefern das sich im Inneren befindliche, sehr gesunde Kokoswasser, und aus dem weißen Kokosfleisch - die Nüsse müssen reif sein - wird geraspelt und dann die Kokosmilch ausgedrückt oder - Öl gewonnen. Aus der Faser stellt man Matten und Teppiche her.

Interessant ist es aber zu sehen, wie die Nüsse geerntet werden. Meist junge Männer binden sich mit einem Seil ihre Füße zusammen, lassen aber etwas Spielraum dazwischen. Nun umschlingen sie den Stamm mit ihren Armen. Dazu setzen sie ihre zusammengebundenen Füße unterhalb ihres Körpers auf den Stamm und drücken sich dann nach oben ab. Oben unterm Palmendach angekommen, beginnen sie die Nüsse so lange zu drehen, bis sie abfallen - falls sie kein Messer bei sich haben; und so machen es auch die Affen, die manchmal zur Kokosnussernte eingesetzt werden.

An den Abenden saßen wir lange am Lagerfeuer, und hin und wieder grillten wir Fisch; für alle ein willkommener Eiweißspender, d.h. wir buddelten ein Loch in den Sand und gaben die restliche Glut und unseren in Alufolie eingewickelten Fisch hinein, darauf ein paar Hände voll Sand und ein paar Bananenblätter. Nach einer kurzen Weile war der Fisch gar und sehr saftig.

Nun könnte man sich fragen, worin liegt der Reiz, einen ganzen Monat auf einer so einsamen Insel zu verbringen, die weder Straßen noch Elektrizität zu bieten hatte.

Das zu beantworten ist ganz simple. Wir hatten einfach Lust auf Sonne, Strand und Meer, auf Einsamkeit und Ursprünglichkeit. Wir wollten uns einmal so fühlen wie *Robinson Crusoe* und *Freitag*, was uns fast gelungen wäre, wären da nicht ein paar Menschen mit ihren dargebotenen Annehmlichkeiten gewesen. Trotz allem war es eine Erfahrung, seine Bedürfnisse auf ein Minimum herunter zu schrauben. Man findet zu seinen Wurzeln, schöpft Kraft aus sich selbst heraus und lernt seine Grenzen des Erträglichen kennen; und dann ist da noch eine große Portion Abenteuerlust dabei.

Und so machten wir uns nach dem positiv abgeschlossenen Experiment „Dreißig Tage Einsamkeit" wieder auf zu neuen Inseln, auf zu neuen Abenteuern.

Zurück ans Festland fuhren wir wieder mit einem Longtailboot und ab *Tarutao* weiter mit der Fähre nach *Satun*. Von dort aus brachte uns ein Minibus nach *Krabi*, einer Kleinstadt in der Provinz *Krabi*, an der südlichen Westküste *Thailands* gelegen. *Krabi* ist geprägt von zerklüfteten Kalksteinwänden und von dichten

Mangrovenwäldern. Sie hat den Charme einer ausgesprochenen *Backpacker* Stadt und ist auch Sprungbrett zu den südlichen Inseln. Man findet viele preiswerte, einfache Hotels, leckere Garküchen, kleine Restaurants und viele tolle Souvenirläden. Ein herrlicher Armreifen aus Silber diente lange Zeit an meinem Handgelenk als Erinnerung an diesen Ort. Doch am 26.12.2004, anlässlich des Tsunamis, fiel alles ins Wasser, so auch mein Armreif.

Wir genossen ein paar Tage den Luxus einer Kleinstadt, besuchten *Chicken Island* für einen Schnorchelausflug, und lernten den zwanzig Kilometer entfernt liegenden sagenumwobenen *AO Nang Strand* kennen; dieser wäre eine reizvolle Alternative zu unserem Inselhopping gewesen. Vor den hoch aufragenden Felswänden erstreckte sich ein langer weißer Strand mit damals nur einzelnen Bambushütten. Doch wir wollten nun einmal nach *Koh Lanta*; einem Geheimtipp der *Backpacker*.

Koh Lanta ist eine langgestreckte Insel mit einem Fischerhafen in dem Ort *Saladan*. Da landeten wir nach kurzer Bootsfahrt an. Es erinnerte einen an eine Goldgräberstadt, die gerade entstanden war: Überall wuselten beschäftigte Menschen herum, noch nicht fertig gebaute Tante-Emma-Läden, Restaurants, eben erst eröffnete Souvenirläden an staubiger Straße und auf den Strand gezogenen Fischerboote.

Entlang der Insel gab es einige kleine bescheidene Anlagen. Da war z.B. am Anfang bzw. Ende der Insel, ganz in der Nähe von *Saladan, Deer Neck*, eine auf einer Landzunge gebaute hübsche Anlage. Leider war der Strand sehr flach, daher Ebbe und Flut sehr ausgeprägt. Bei Ebbe musste man sehr weit hinaus waten, um schwimmen zu können. Von da aus erstreckte sich *Long Beach*, der ebenso durch Ebbe und Flut unbrauchbar fürs Schwimmen und Schnorcheln war. Wir landeten schließlich in einer Anlage, deren Hütten auf Stelzen und auf einem Bergrücken thronten: *Relax Bay Tropikana*. Ein herrlicher Ausblick über das Meer von unserem Bett aus war uns garantiert. Ein kleiner, zum Himmel offener Raum, schloss sich an unser Schlafgemach; und wenn es regnete, musste man halt mit Schirm aufs „Stille Örtchen". Wir hatten bereits auf dem Boot bei einem Vermittler für zwei Wochen gebucht. Zum Schwimmen allerdings mussten wir über den Berg, an einem Reisfeld vorbei und durch eine große Anzahl von Jahrtausender langer anbrandender Wellen, glatt geschmirgelter Steinen zum eigentlichen Strand laufen.

Da lernten wir Ingrid kennen, eine etwas schon ältere Pariserin, die mit Palette, Leinwand und Pinsel bewaffnet sich in der naturgetreuen Wiedergabe von Steinen und Felsen übte. Ingrid war ein Unikum. Nicht nur, dass sie sich Tag für Tag mit dem Pinsel beschäftigte, sondern sie übte später mit Otto schnorcheln mit geschlossenen Augen - des Salzwassers wegen. In den darauffolgenden Jahren trafen wir sie immer wieder; später gehörte sie zum lebenden Inventar von *Khao Lak*. Wie sich später herausstellen sollte, hatte sie mein Alter und war also keine ältere Dame. Sie war Simultan-Dolmetscherin bei der Französischen Botschaft, war viel gereist und hatte immer interessante Storys auf Lager. Sie wohnte im *Rapallo* neben dem *Sanctuary*, einer aus runden Hütten bestehenden Anlage, ach ja, und sie rauchte wie ein Schlot, selbst im Meer stehend hielt sie immer ihre nicht auszugehen scheinende Zigarette zwischen den Fingern. Heute hat sie Kehlkopfkrebs, wird durch einen Schlauch ernährt,- wo sie doch so gerne aß. Dazu gibt es auch eine lustige Geschichte zu erzählen: Als wir später einmal in *Krabi* mit ihr Ente aßen, rückt sie doch mit Messer und Gabel dem wenigen Muskelfleisch am Hals der Ente zu Leibe.

Im *Rapallo* trafen wir auch auf Willy und Magret, einem Ehepaar aus „Kölle"; Willy, der gute Polizist von der Domplatte, - sein Kennzeichen: ein hoch gezwirbelter Bart, Magret, eine üppige, jedoch sehr charmante Mitvierzigerin. Willy fiel nicht nur des Bartes wegen ins Blickfeld, sondern es bedeckte auch eine ganz kleine rote Dreiecks-Badehose seinen sehr muskulösen Körper; da musste man einfach zweimal hingucken.

Zwei Schweden, zwei Amerikaner und ein Deutscher, der seiner Gitarre gar manch süßen Ton entlocken konnte, waren von der Partie; also eine vielversprechende Gruppe, um am Abend bei Lagerfeuer Spaß zu haben. Wir kauften Krebse bei einem an unserem Strandabschnitt wohnenden Fischer. Willy fuhr mit einem vorbeifahrenden Pickup ins Örtchen *Saladan*, kaufte eine riesige Blechschüssel, verschiedene Säfte und Mekong-Whisky. Daraus mixten wir ein höllisches Gebräu, das später bei mir eine verheerende Wirkung haben sollte. Aber erst einmal vergnügten wir uns am Lagerfeuer bei Gesang, Tanz und an den in Folie gewickelten und ins Feuer geworfenen Krebsen und Kartoffeln; und natürlich tranken wir Unmengen von Gläsern des gar wohlschmeckenden Gesöffs.

Und so kam es, wie es kommen musste: Ich war sturzbetrunken, als es um Mitternacht zurück zu unserem Häuschen ging. Der Schlangen wegen mussten wir auf der dunklen Straße unseren Heimweg antreten, die eigentlich eine rote Piste war. Nach einigen kleinen Unfällen, d.h. ich trat Otto, während er mich zu stützen versuchte, mehrmals auf die Füße, oder ich fiel einfach in den Straßengraben, aus dem ich dann schwer wieder herauszuholen war. Am Eingang zu unserem Bungalow schlug ich dann noch mit meinem Gesicht auf einen größeren Felsen. Wie sich am nächsten Morgen zeigte, hatte ich nicht nur meine Fisherman's Hose verloren, sondern auch mein makelloses Aussehen. Paniert von oben bis unten vom roten Sand der Straße, voller blauer Flecken vom Hinfallen, das Gesicht aufgeschürft vom Sturz auf den Felsen, da habe ich mich kaum wiedererkannt, und es fiel mir schwer, die Geschehnisse der Nacht zu rekapitulieren.

Das tägliche Überwechseln zum Strand war dann auch der Grund, warum wir nach vierzehn Tagen unsere komfortable Bleibe verließen, um in eine armselige

Hütte im *Sanctuary* zu ziehen. Sechs Bungalows wurden bewirtschaftet von Caren, einer Engländerin, und Hassan, einem Moslem; Sie hatten zwei kleine Kinder. Unter einem großen mit Palmwedeln gedeckten Dach saß man an roh gezimmerten Holztischen und konnte wohlschmeckende thailändische als auch indische Gerichte genießen. Der Koch, ein Inder mit Rastalocken, verfügte über Talente, die einem Sternekoch zu Ehren gereicht hätten. Nicht nur mit gefüllten *Naans*, *Dalbats*, *Currys*, auch mit Pommes, Bratkartoffeln, gebackenem Hähnchen machte er uns glücklich. Dies wurde uns von einem von Kopf bis Fuß tätowierten englischen Hibbi serviert. Morgens wurde man am Frühstückstisch mit den „Vier Jahreszeiten" von Vivaldi empfangen, während Richard, der Hibbi, noch in seiner über dem Tisch am Gebälk befestigten Hängematte seinen Rausch ausschlief. Ich muss erwähnen, dass bei Caren und Hassan tüchtig gehascht wurde, was uns aber damals noch unbekannt war.

Wir besaßen eine winzige Hütte mit nur einem an zwei Wänden befestigten Bett. Ein einzelner Fuß, der obendrein wackelig war, hielt die Schlafstätte in horizontaler Lage. Ein über einige Stufen zu erreichender Raum, mehr ein Loch, in dem sich ein Hock-Klo und eine Dusche befanden, vervollständigte unser neues Zuhause.

Die Insel war geprägt vom Islam. Das machte sich ganz besonders am frühen Morgen bemerkbar, nämlich wenn der *Muezzin* seine Schäfchen zum Gebet rief. Eine

Moschee befand sich ganz in der Nähe, sie war nicht zu überhören. Doch auch noch ganz andere Geräusche ließ uns unseren Schlaf frühzeitig beenden. Erst fingen die Hunde an zu bellen, dann krähten die Hähne, und erst danach sang der *Muezzin*.

Nach einem Monat Hibbi-Leben sagten wir *„Ade"* zu dem pittoresken Ort mit dem Versprechen, im darauffolgenden Jahr wieder zu kommen. Caren und Hassan versprachen, uns in der Zwischenzeit eine größere Hütte zu bauen, was sie dann auch in die Tat umgesetzt hatten.

Am Schluss wäre da noch Binchi, unser treuer Hund, von dem ich unbedingt berichten muss. Er war ein brauner, kurzhaariger Mischling, der uns überall hinbegleitete. Selbst wenn wir zum Schwimmen gingen, wartete er unverdrossen am Ufer auf uns. Auch fing er an zu bellen, sobald ein Einheimischer sich unserer Hütte näherte. Am liebsten hätte Otto ihn mitgenommen. Er musste festgehalten werden, als wir von dannen gingen. Armer Binchi! Alles hatte nun einmal ein Ende.

Mit dem Pickup fuhren wir die staubige, rote Straße zurück nach *Saladan*, wo ein kleines Boot bereitstand, um uns ans Festland zurückzubringen. Weiter ging es dann mit einem Minibus quer über das Land zur Ostseite von *Thailand*, dem Golf von *Thailand*, nach *Surat Thani*.

Surat Thani ist eine typische, schmutzige Hafenstadt, in der die größte Fischfangflotte von *Thailand* stationiert ist, wenn man sie sieht, möchte man sie am liebsten sofort wieder verlassen. Die Fähre nach *Koh Samui*, *Koh Phangan* und *Koh Tao* war für den nächsten Tag gebucht, und so mussten wir wohl oder übel eine Übernachtung in einem ziemlich heruntergekommenen Hotel in Kauf nehmen. *Surat Thani* war keine Touristenstadt, sie hatte nur einige einfache Hotels im Angebot; doch wir hatten schon Schlimmeres erlebt ... und ... überlebt.

Eine Fähre brachte uns dann schließlich zu unserem ersehnten Ziel: *Koh Samui*, damals noch ein Geheimtipp, mit wenigen, weit auseinanderliegenden Anlagen. Auf dem Flug nach *Phuket* hatten wir in der Bordzeitung vom Leben wie zu Zeiten von „Somerset Maugham" gelesen, nämlich einem alten Farmerhaus, vollgestopft mit Antiquitäten, direkt zwischen einfachen Bungalows am Meer gelegen. Darin wollten wir für einige Wochen leben. Die wenig vorhandenen Touristen ließen den Mietpreis purzeln, und am Ende der Feilscherei hatten wir einen guten Preis ausgehandelt. Und so waren wir wieder einmal sehr happy. Erst nach und nach lernten wir die Widrigkeiten kennen. Da waren die vielen Sandfliegen, die einem das Leben zur Hölle machten, und da waren die völlig ungerechtfertigten hohen Preise, die das dazugehörige Restaurant für ganz normale Thai Kost verlangte. Wir hätten uns auf Dauer arm gegessen. Weit und breit waren aber keine Alternativen, nicht einmal eine Garküche.

Und so verabschiedeten wir uns „von dem Leben wie Somerset Maugham" schon nach einer Woche, - schade.

Natürlich stand auf unserer Agenda noch ein Inselrundgang bzw. -fahrt.

Koh Samui ist die zweitgrößte Insel von *Thailand*, gelegen an der Ostküste im *Golf von Thailand*, auf der Höhe des *Isthmus von Kra*. Auf der anderen Seite befindet sich die *Andamanensee*. Die Insel ist berühmt für die von Palmen gesäumten Strände, die vielen Kokospalmen-Plantagen und ihren, das Innere bedeckenden, dichten Regenwald. Die tollen Schnorchelgebiete, die phantastischen Sonnenuntergänge haben später viele Touristen angelockt, die wiederum den Bauboom in den Neunzigern ausgelöst haben. Die Superhotels, eins nach dem anderen, sprossen wie Pilze aus dem Boden, eines schöner und teurer als das andere.

Die Insel ist ganz besonders verlockend für die junge Bevölkerung. Die berühmt berüchtigten *Full Moon Partys* lässt sie zusammenströmen aus allen Teilen des Landes. Da wird gekifft, getrunken, getanzt, nicht selten sieht man am nächsten Morgen die Partyleichen unter der brütenden Sonne am Strande liegen.

Wir zogen also weiter nach *Koh Phangan*, der kleinen Nachbarinsel. Schon auf dem Schiff wurde uns ein besonders reizvolles Hotel am anderen Ende der Insel warm ans Herz gelegt. *Panviman PHANGAN*, kostet heute 277 Euro pro Nacht. Damals war es schon teuer, aber da wir uns in der „Offseason" befanden, konnten wir mit dem Besitzer einen guten Preis aushandeln.

Das Hotel am *Thong Nai Pan Noi Strand*, an einem Berg klebend, bestand aus mehreren, dem Meer zugewandten, komfortablen Bungalows mit Balkon, von dem aus man bei einem „Sundowner" den herrlichen Sonnenuntergang genießen konnte. Das Restaurant war ein großer, nach fast allen Seiten hin offener, nur mit einem überhängenden Dach bedeckter Rundbau; was für ein herrlicher Blick in die Natur. Der kleine Strand war über Treppen zu erreichen. Einige Garküchen gab es im Hinterland, in denen man gar köstliche *Thai Currys* genießen konnte. Zum Schwimmen musste man bei Ebbe leider weit rauslaufen. Dafür belohnte uns glasklares Wasser, in dem man die vielen Fische mit der Hand leicht hätte fangen können. Wanderungen durch den bergigen Dschungel gehörten zum täglichen Fitness und waren ein Muss. Man stelle sich eine riesige Sauna vor, in der man stundenlang freiwillig spazieren geht.

Nach ein paar Wochen hatten wir Lust auf Neues. Die Insel hatte nicht viel Abwechslung zu bieten, und so ging's zurück mit dem Jeep zu der Hauptstadt *Thong Sala*, von wo aus wir zu der kleinsten Nachbarinsel *Koh Tao* starteten. Rund um das Inselchen befanden sich viele interessante Korrallengärten, die zum ausgiebigen Schnorcheln einluden. Heute darf man nur noch auf die Insel, wenn man eine Tauchreise gebucht hat. Wir verbrachten ganze Tage nur im Wasser, waren ständig auf Schuppenfühlung. Heute klebt eine Tauchbasis an der anderen, und die Fische nehmen aus Angst vor den Touristen in Scharen Reißaus. Wir hatten eine kleine Anlage gefunden, einfach, aber sauber; ein Bett, ein

Stuhl, ein Tisch und ein paar Nägel an den Wänden. Das Wasser war pisswarm und viele Feuerquallen bevölkerten das glasklare Wasser, so dass wir zwar aufpassen mussten, doch hatten wir gute Sicht, die uns die Tentakel rechtzeitig sehen ließ. Von einer Feuerqualle berührt zu werden ist keine wahre Freude. Das Nesselgift verursacht große Schmerzen, und die Stelle, an der die Nesselzellen, die Haut berührt haben, werden rot und dick. Das Begießen mit Essig verhindert das Schlimmste, ... nur nicht berühren oder gar mit Sand abschrubben.

Zurück in die Zivilisation brachte uns ein kleines Boot nach *Phangan*, und von dort aus mit einer Autofähre zum Festland nach *Chumphon*. *Chumphon* ist eine mittelgroße Stadt, und der Zug von *Bangkok* nach *Butterfield* (*Penang*), an der Grenze zu Malaysia, macht hier Station.

Bevor es am nächsten Tag wieder Richtung Heimat ging, feierten wir Abschied von *Thailand* mit seinen vielen Inseln mit einer Flasche Rotwein, die sich sicher schon lange als Aushängeschild auf der Theke des Restaurants befand, und leckeres gutes Essen. Der Rotwein kostete uns ein Vermögen - Importware war Mangelware, und der Zoll auf Alkohol sehr hoch.

Pünktlich um 4 Uhr am nächsten Morgen standen wir auf dem außerhalb gelegenen Bahnhof von *Chumphon*, und warteten auf den Zug, der uns zurück nach *Bangkok* bringen sollte. Nebelschwaden waberten über der einsamen Bahnstation. Es war eine gruselige Atmosphäre; doch endlich kam er mit Geschnaufe und Gedampfe durch die einsame Nacht auf uns zu.

Wir machten es uns in unserem 1. Klasse-Abteil gemütlich, und je heller es wurde, desto mehr erhaschten wir von dem Leben, das draußen an uns vorbeizog. Die kleinen Dörfer am Rande des Dschungels regten sich langsam. Die Kinder wurden am Brunnen gewaschen und für die Schule mit ihren frisch gebügelten weißen Uniformen feingemacht. So standen sie dann später, wie aus dem Ei gepellt, am Wegesrand und warteten auf ihren Schulbus, so es einen gab, oder man sah sie hintereinander die Straße entlanglaufen.

Auch in unserem Zug wurde bereits emsig gekocht. In dem Küchenabteil hockten schwarze Gesellen auf dem Boden, in der Hand ein riesiges scharfes Messer, mit dem geschnippelt, gehackt, geschält ... wurde. Gegart wurde nur auf offenem Feuer in riesigen *Wogs*. Das, was wir da sahen, glich einem reinsten Höllenfeuer.

Bevor wir in *Bangkok* ankamen, waren wir gesättigt; wir hatten zwei Bier, zwei Nudelsuppen und ein typisches europäisches Frühstück intus. Nun konnten wir den langen Flug mit gefüllten Bäuchen zufrieden antreten.

Wir flogen einer unsicheren Zukunft entgegen; zu einem Heim, das nur aus entleerten Möbeln und gepackten Kisten bestand.

Ursprünglich wollten wir alles in einem Container verstauen und auf Weltreise gehen. Doch wie das Schicksal so spielt, fanden wir bei der Familie Bauer in Holzappel, in einem Zweifamilien-Haus, eine Bleibe für die nächsten zehn Jahre. Da war unser neues Heim sicher, und wir konnten so lange wegbleiben, so lange uns der Sinn danach stand. Auch das wäre eine weitere lohnenswerte Geschichte.

Doch erst einmal ging es wieder nach *Thailand* zurück, so wie wir es Hassan und Caren versprochen hatten, die in der Zwischenzeit für uns ein Traumhüttchen gezaubert hatten. Inmitten der Hütte stand ein teils abgesägter Baum mit einigen restlichen Ästen. So hatten wir gleich genug Aufhängemöglichkeiten, denn Schränke kannte man nicht. Außer einer drei Meter breiten Matratze, fünf Zentimeter dick, die von einem riesigen Moskitonetz umschlossen war, gab es keinen weiteren Luxus. Die Luken waren aus Holz und die *Bougainvillea* rankte sich um das Hüttchen bis in die Luken hinein und dem Dach entgegen; sehr malerisch. Das Dach war nach allen Seiten hin offen, so gab es wenigstens bei der Hitze einen natürlichen Durchzug, den einen Van überflüssig machte. Abends konnte man die Ratten auf den oberen Balken spazieren gehen sehen. Die Toilette lag einige Stufen tiefer, war gefliest mit Muschelscherben. Wir hatten eine Dusche und ein Hock Klo. Strom gab es immer nur zur nachts, von 18 Uhr abends bis 6 Uhr morgens, sodass wir wenigstens unseren ersten Kaffee selbst kochen konnten.

Eines Tages besuchte uns Christine, meine Schwester. Sie schlief mit uns auf der drei Meter breiten Matratze, was sie am Anfang sehr komisch fand. Nachdem sie aber den 6 Uhr Kaffee genießen konnte, ohne ihn selbst machen zu müssen, - sie brauchte nur die Hand aus dem Moskitonetz zu strecken, und Otto reichte ihr eine Tasse voll des leckeren dampfenden Kaffees -, war sie von der Situation hingerissen.

Zwei Monate des einfachsten Hütten- und Strandlebens müde geworden, sehnten wir uns nach ein bisschen Kultur, d.h. Boutiquen, in denen man sich nach Herzenslust verkleiden konnte. Endlich mal wieder etwas zum Anfassen haben, das nicht salzig war.

Wir sagten dem malerischen Ambiente bei Carmen und Hassan ade; die lagen sich eh in den letzten Tagen in den Haaren. Wir verabschiedeten Christine, packten unser kleines Bündel und suchten uns eine andere Bleibe, die vielleicht etwas komfortabler wäre für die kommenden Monate, da wir vorhatten, den Winter in *Thailand* zu verbringen.

Aber erst einmal wollten wir uns in einem Luxushotel wieder menschenähnlich herrichten, und ein bisschen normales Tourie-Dasein genießen. In der Nähe von *Krabi* war genau unser Hotel, so wie wir es uns vorgestellt hatten. Weiche, weiß bezogene Betten, Marmorbad, Swimmingpool vor der Tür; es war vor einigen Monaten erst eröffnet worden.

Wir fuhren zurück zum Festland mit einer kleinen Fähre, weiter mit dem Minibus zum Busbahnhof nach *Krabi*, und von da aus brachte uns ein *Tuk Tuk* zu dem langersehnten Ziel. Bevor wir eincheckten, gönnten wir uns all das, auf das wir monatelang verzichtet hatten. Gemütlich saßen wir an einem schattigen Platz am Swimmingpool und aßen *Barrakuda* mit Pommes und eine gute Nudelsuppe. Natürlich gehörte auch das kühle Bier dazu.

Wir ließen das Kapitel „zwei Monate *Ko Lanta*" noch einmal Revue passieren und kamen dann zu der Einsicht, dass der Aufenthalt in diesem Luxushotel nun doch nicht so befriedigend für die nächste Zeit sein würde. Außerdem hatten wir in diesen zwei Stunden genug Luxus getankt, sodass wir für das Einfache und Ursprüngliche wieder bereit waren. Wir setzten unsere Reise in einem Taxi fort und fuhren immer an der Westküste entlang Richtung *Ranong*. Vielleicht fanden wir ja auf diesem Wege eine interessante Bleibe, die preiswert war, am Meer gelegen und gute Schwimmmöglichkeiten bieten würde, vor allem aber weit weg von der Straße und dem Autolärm wäre.

Und wie wir, Otto und ich, uns so über eventuelle Möglichkeiten unterhielten, fiel der Name *Khao Lak*. Der Fahrer drehte sich abrupt um, hielt den Daumen hoch und schrie „di mag", d.h. sehr gut. Also ließen wir uns nach *Khao Lak* ins *Nangthong Bay Resort* bringen. Das bestand damals aus einer Reihe einfachster Bambushütten und einer kleinen Anzahl von etwas komfortableren, diese waren allerdings auf Jahre hinaus ausgebucht. Doch eine Bambushütte, in der hinteren Reihe, direkt neben dem Wasserturm, wäre in drei Wochen frei. In der Zwischenzeit könnten wir aber bei Gerd und Neu nächtigen. Diese war eine interessante Anlage. Fünf Bungalows waren in einen See hineingebaut, und die Wände konnte man nach zwei Seiten hinaufschieben, so dass abends die Fledermäuse eine direkte Flugbahn durch den Raum hatten. Neben Gerd und Neu gab es noch eine Anlage *"Garden Beach Resort"*. Alle drei Anlagen lagen weit auseinander. Dazwischen hatten sich vier kleine Fischrestaurants ihren Platz erobert, und verkauften lecker zubereiteten, frisch gefangenen Fisch, ... und noch viel mehr. Man saß bei Sonnenuntergang gemütlich am Meer und trank seinen Sundowner; was für eine Stimmung.

Der Strand, an dem die Anlagen lagen, war langgestreckt und von Palmen und *Casuarina* Bäumen gesäumt. Man konnte stundenlang, immer Richtung *Takuapa*, laufen, einige Bäche waren allerdings zu überqueren.

Es kam die Zeit, und unsere einfache Behausung wurde frei. Wir zogen mit viel Freude ein, denn ringsherum um die Hütte blühte und grünte es in allen Schattierungen. Daneben war ein kleiner Teich, aus dem nachts die Frösche ihre Lockrufe aussandten. Die Grillen fingen alle auf ein Kommando hin an zu zirpen; das war unsere kleine Nachtmusik - umsonst - in unseren schönen sauberen Betten liegend, genossen wir das Spektakel.

Später kamen dann noch Ochsenfrösche dazu, die machten so einen Radau, dass man sich die Ohren zuhalten musste. Die Anlagen waren auf ehemaligem Sumpfgebiet gebaut, das peu à peu trockengelegt wurde.

Von der Anlage aus führte ein schmaler, grauer, naturbelassener Weg zur Hauptstraße, die von *Phuket* kommend weiter nach *Ranong*, vorbei am *Isthmus von Kra*, das ist die schmalste Stelle, an der sich *Thailand* und *Burma* berühren, und weiter nach *Bangkok* führt, der gesäumt ist rechts und links von Kautschuk Wäldchen.

In die Stämme der Bäume sind ca. zwei Meter lange Rillen eingeritzt, in denen sich dann der weiße klebrige Kautschuksaft sammelt. Am Ende des Stammes sind Töpfe angebracht, in die der Saft tropft, der von Zeit zu Zeit, meist bei Dunkelheit, von Frauen mit Stirnlampen, in einen großen Topf umgefüllt wird. Das sieht sehr geisterhaft aus, wenn sie durch die Reihen huschen; wie Glühwürmchen schwirren sie herum.

Wir fühlten uns sehr wohl bei Jeed und Joy und der Familie, auch die anderen Urlauber gefielen uns sehr. Es war alles sehr harmonisch. Ein dazu gehörendes kleines Restaurant erfüllte uns so manchen Wunsch. Die heimelige Atmosphäre zog uns jedes Jahr wieder an, sodass wir unserem deutschen kalten Winter, d.h. von Dezember bis März, wunderbar aus dem Weg gehen konnten. Viele der Touries machten es ebenso. Da war z.B. Heidi, Karin und Rolf, das Dreierpaar oder Heidi und Roman aus der Schweiz, Rüdiger und Sonja mit ihren beiden Kindern, die wir da aufwachsen sahen. Oder Kicki und Ralph, die die Anlage durch uns haben kennengelernt. Und so manch ein anderes Pärchen, das jedes Jahr wiederkam. Wir waren eine richtige tolle Gemeinschaft.

So nach und nach wurden mehr Hütten gebaut, komfortabler, größer, einige direkt am Meer. Leider hat der Monsunregen drei davon ins Meer rutschen lassen. Erst als eine Mauer zum Meer hin entstand, waren die wieder aufgebauten Häuschen sicher.

Wir hatten Glück und ergatterten ein wunderschönes Häuschen direkt am Meer. Eine kleine Terrasse, auf dem wir zwei gemütliche Liegen aus Korb, einen Tisch und viele Pflanzen platzierten, machte alles sehr wohnlich.

Khao Lak war kein Geheimtipp mehr. Eine Anlage bzw. Hotel nach dem anderen schoss aus dem Boden. So wurde auch ein zweites *Nangthong Bay Resort* gebaut, das von der Schwester von Jeed bewirtschaftet wurde. Wir aber blieben unserer Bleibe treu bis zum bitteren Ende.

Eines Jahres überraschte man uns mit einem Swimmingpool, in dem man nicht nur schwimmen, sondern auch seinen *Sundowner* zu sich nehmen konnte, denn es war eine Bar integriert. Ich möchte nicht wissen, wie viel von dem Bier, das da getrunken wurde, wieder im Swimmingpool landete. Die Anlage wurde immer schöner und größer, sogar ein Haus mit mindestens zwanzig Zimmern wurde im Hintergrund gebaut. Ja, *Nangthong Bay Resort* wurde immer bekannter, und da musste man Platz schaffen, um all die Interessenten unterzubringen; und Geld verdienen wollte man letztendlich auch. Wir aber merkten von dem Rummel nichts, denn unsere Hütte stand weit entfernt, und rechts und links davon war ziemlich viel Platz. Das Restaurant wurde vergrößert, und man saß jetzt nicht mehr im Sand, sondern Fließen bedeckten den Boden. Es war alles wie ein Traum. Um die Weihnachtszeit herum erinnerten hundert gepflanzte rote Weihnachtssterne uns an Zuhause. Es wurde von der Familie alles getan, damit wir uns wohlfühlten.

Durch unsere vielen Spaziergänge lernten wir auch so manch andere Überwinterer kennen; so auch Manfred und Puppi, die in einer Nachbaranlage ihre Bleibe gefunden hatten. Mit denen freundeten wir uns etwas an. Auch Moni und Gerd, Heidi, Karin und Rolf, Heidi und Roman, Kiki und Ralph, Rüdiger, Sonja und die beiden Kinder und viele mehr, gehörten zu unserem Freundeskreis. In den letzten Jahren gönnten wir uns ein Auto, mit dem wir viele Ausflüge unternahmen. Dadurch lernten wir die Umgebung genauer kennen. Mane und Puppi begleiteten uns häufig auf unseren Ausflügen.

Es gab viele interessante Dinge, die wir besichtigen konnten, und mit dem Auto war alles viel einfacher zu erreichen. Da war z.B. der Nationalpark mit seinem riesigen See; die vielen Tempel - auch mitten im Urwald - hätte man kaum ohne Auto erreichen können.

So verging ein Jahr nach dem anderen; und eines Tages war dann der 26. Dezember 2004, ab dem sich alles ändern sollte.

Weihnachten wurde immer mit viel Tamtam gefeiert. Es fehlte kein Weihnachtsbaum, kein Weihnachtsmann, keine thailändische Show, und am kalten Buffet konnte man alles haben, was der Magen begehrte. Und so verbrachten wir auch den 24. Dezember 2004. Am nächsten Morgen lud uns Jane, eine Engländerin, zu ihrer Weihnachtsfeier ein, die immer einen Tag später, und schon am Morgen, stattfindet. Es waren zwei herrliche Tage.

Der 26. Dezember sollte ein ruhiger Tag werden; und so nahmen wir unser Auto und fuhren allein zum einsamen Nachbarstrand, wo sich nur eine Hütte befand, in der manchmal der frisch gefangene Fisch für uns zubereitet wurde. Wir stellten unser Auto neben die Hütte, den Schlüssel deponierten wir auf einem Regal über einer Kühltruhe. Und los ging's. Wir wollten unsere müden Glieder wieder flottmachen und den Strand entlanglaufen. Normalerweise marschierten wir immer gen Norden, doch an diesem Tag zog es mich mehr Richtung Cap (Riff), d.h. Süden.

Wir waren etwa hundertfünfzig Meter am Strand entlanggegangen, als mich ein menschliches Rühren überkam. Ich hockte mich unter einen Baum und betrachtete dabei das Meer, und das linkerhand liegende Cap.

Hinter dem Cap war in den letzten Jahren reichlich gebaut worden. Das Riff war bei Flut nicht zu sehen, ... und es war Flut. Plötzlich sah man in der Ferne eine diffuse Welle auf das Land zueilen, das Wasser spritzte am Riff empor, und das Wasser ging mit einer Schnelligkeit zurück, als hätte man am Meeresboden den Stöpsel gezogen; das Riff wurde sichtbar.

Da wussten wir, was die Stunde geschlagen hatte. Auf uns rollte aus Sumatra kommend ein Tsunami zu, mit einer Geschwindigkeit von geschätzten achthundert Stundenkilometern. Wir hatten gerade den „Der Schwarm" von Schätzing gelesen, in dem ein Tsunami in allen Einzelheiten beschrieben war. Aber auch ohne diese Lektüre hätten wir gewusst, was sich da vor unseren Augen abspielte. Einer der größten Tsunamis in der Geschichte hatte einst Lissabon überspült, und dadurch das große Feuer entfacht, das viele der schönen Gebäude zu Asche werden ließ. Wir rannten zurück zu unserem Auto, Otto schnappte sich noch die zwei auf einer Liege deponierten Handtücher, und ich holte den Schlüssel, den ich auf das Regal über der Kühltruhe gelegt hatte, vorsichtig, dass er mir ja nicht aus den Händen gleiten und hinter die Kühltruhe fiele. Ich wartete bis Otto ins Auto stieg und reichte ihm dann den Autoschlüssel, alles ganz bedacht. Wir standen auf einer kleinen Anhöhe, auf der der Weg endete, der uns zur Hauptstraße hätte bringen sollen. Es war alles flach, rechts und links Palmenhaine, und man konnte in der Nähe noch die Wasserbüffel genüsslich grasen sehen. Wir mussten versuchen in eine höhere Region zu gelangen, allerdings immer auf Trampelpfaden und durch die Plantage.

Otto fuhr wie der Teufel. Ich hatte die bereits hinter uns hereilende Welle mit all dem Schrott von dem bebauten Cap im Blick - wie ein Rudel Wölfe kam die Welle immer schneller näher - Otto musste aufpassen, nicht umzukippen, und ich musste versuchen, ihn rechtzeitig vor Löchern und Unebenheiten zu warnen. Irgendwie schafften wir es, in höhere Regionen zu gelangen, bis wir oben auf der Hauptstraße ankamen. Wir trafen ein Zimmermädchen, das uns riet, weiter in Richtung Dschungel zu fahren, da wurde es bergig; denn es werden weitere Wellen erwartet. Sie riet uns sogar auszusteigen und den Berg zu erklimmen, was wir allerdings nicht taten. Wir hatten nur Flip-Flops und Badehose an, und von den Schlangen, die sich da sicher tummelten, gebissen zu werden, wäre auch kein schöner Tod gewesen. Wir blieben im Auto sitzen, und warteten auf eine weitere Welle. Unsere Herzen schlugen in einem Rhythmus, der es fast zerspringen ließ.

Nach längerer Zeit des Wartens, sind wir dann doch zurück zur Straße und Richtung *Takuapa* und weiter in großem Bogen zurück nach *Khao Lak* gefahren. Zum *Nangthong Bay Resort* gelangt man über eine steile kurvenreiche Strecke, die zum höchsten Punkt, dem

Lam Ru Nationalpark Khao Lak, führt, der außer ein paar Hütten und einer guten Aussicht auf den unter ihm liegenden Strandabschnitt, nicht viel zu bieten hat.

Wir liefen zur Aussichtsplattform und schauten entsetzt auf das, was wir unter uns im Wasser und im Sand liegend zu sehen bekamen, - das möchte ich aber nicht beschreiben. Außer von einigen Gerippen ursprünglich stabil gebauter Gebäude sah man nichts. Alles war ins Meer gezogen worden von der zurückrollenden Welle. Viele Bäume waren entwurzelt, und von der mit Liebe angelegten Bepflanzung war nichts mehr zu sehen. Alles war verschwunden, alles dem Erdboden gleichgemacht, sodass von unserer einstigen so schönen Anlage nichts mehr vorhanden war. Wir versuchten zum Strand zu gelangen, wurden aber von der Polizei gestoppt und gewarnt, es könne ja noch eine Welle kommen. So blieben wir auf dem Berg im Nationalpark und konnten uns zu den Glücklichen zählen, eine Schlafstätte ergattert zu haben.

Erst am nächsten Morgen wagten wir uns hinab zum Strand, um das Ausmaß der Katastrophe in Augenschein zu nehmen. Wir fanden auf dem fast leer gefegten Areal, wo einst unser Hotel gestanden hat, fast nichts mehr, außer Schrott und einer Nagelschere. Wir begegneten einigen wenigen Menschen, die auch überlebt, aber teilweise ihre Partner verloren hatten, und schämten uns fast, noch am Leben zu sein.

Wir hatten alles verloren, aber wir hatten ein Auto und lebten. Wir besaßen noch 800 Baht, zwei Handtücher und das, was wir anhatten; das waren Flip-Flops und Bikini bzw. Badehose, einem Käppi, und unsere Sonnenbrillen.

So fuhren wir nach *Phuket* zum Vertreter des Konsuls, der extra aus *Bangkok* angereist war, um einen Ersatzpass und etwas Geld zu bekommen. In der Zwischenzeit war es uns auch gelungen, mit Dirk, meinem Sohn, zu telefonieren. Irgendwo im Garten eines öffentlichen Gebäudes lag ein Haufen gespendeter Kleidungsstücke, aus dem wir uns etwas Passendes aussuchen konnten. Nachdem wir wieder bekleidet waren, versuchten wir bei der MAS einen Rückflug zu bekommen. Die Mädels kannten uns, da wir schon seit Jahren mit der MAS geflogen waren, und ihnen immer, wenn wir in *Phuket* waren, einen Besuch abstatteten. Wir hatten Glück und bekamen für den nächsten Tag einen Rückflug der Business Klasse.

Wir waren neu ausgestattet, d.h. ich hatte immer noch meine Flip-Flops an, doch diesmal steckten Füße mit Herrensocken darin. Ich hatte eine enge Hose und irgendein Oberteil an, hatte meine Kappe und meine Sonnenbrille auf. Um die Schulter hatte ich ein rotes Frotteehandtuch und eine Plastiktüte mit ein paar Habseligkeiten in der Hand. Otto sah nicht besser aus. Er war bekleidet mit einer riesigen schwarzen Fisherman Hose und einem riesigen Oberteil. Auch er besaß ein rotes Handtuch. So ausgestattet stiegen wir am nächsten Tag ins Flugzeug - Business Class wohlgemerkt - und kamen auf diese Weise in Frankfurt an. Als Ina, meine Tochter, und Jakob, ihr Ehemann, die in Frankfurt am Flughafen auf uns gewartet hatten, uns so erblickten, fingen sie fürchterlich an zu lachen. Damit war der Bann gebrochen, und ließ uns für eine Weile das unvorstellbar Schreckliche, das wir erlebt hatten, vergessen.

Wir waren glimpflich davongekommen und waren nur noch glücklich, noch am Leben sein zu dürfen. Wir hatten an die achtzig Freunde verloren, - Menschen, mit denen wir über die vielen Jahre viel erlebt hatten und viele, die uns ans Herz gewachsen waren. Wegen der Tragik möchte ich es vermeiden, hierauf näher einzugehen.

Gedanken zu meiner Reise auf die „TRAUMINSEL in Thailand" 2012/2013

Na, da wollen wir mal „INS PARADIES"!!!

Eigentlich hatte ich ja mit Thailand abgeschlossen, nachdem ich letztes Jahr in *Khao Lak* wundervolle, wenn auch langweilige drei Monate im luxuriösen *Nangthongbay Resort* verbrachte. - Nie wieder THAILAND !!! –

Doch als mir dann eine Bekannte eine Begleitung in Aussicht stellte, Corinna, sie ist 46 und im Moment arbeitslos, habe ich nicht lange überlegt und meine ursprüngliche Meinung revidiert und zugesagt. Da ich aber Corinnas Unzuverlässigkeit kannte, habe ich mich gefragt, ob ich wohl die Reise auch allein antreten würde, und ich würde. Na, so kam es dann auch, ich flog alleine nach Thailand, auf die Insel *Koh Chang*, die in der Andamanensee liegt, gegenüber der auslaufenden Inselwelt von *Burma*. Meine Freunde Heidi und Karin wollten im Januar dazu stoßen, wo sie schon seit zehn Jahren die Unterwasserwelt durchpflügten, auch wenn die Sicht nur ein paar Meter beträgt und es kaum noch etwas zu bestaunen gibt. Riesige Fischerboote mit ihren Schleppnetzen fangen alles weg, was auch nur annähernd mit einer Flosse wedelt.

Mein Flieger mit der zuverlässigen, sehr komfortablen Malaysian Airline sollte am 23. November 2012, um 12 Uhr abheben, doch als es zum Einsteigen gehen sollte, verkündete man uns, dass sie ein kleines technisches Problem hätten, sie müssten nur den Fehler finden und dann ging es los. Das dauerte erst einmal bis abends 18 Uhr, und dann entschloss man sich doch, uns im Steigenberger für eine Nacht unterzubringen, da die Crew nicht länger als achtzehn Stunden für die „Firma" auf den Beinen bzw. in der Luft sein dürfe. Zwischenzeitlich hatte ich eine nette junge Frau, und später beim Lunch noch einen netten jungen Mann kennengelernt, so dass wir uns im Dreierpack schnell auf den Weg machten, um ein gutes Zimmer zu ergattern, bevor der Rest des Jumbos angestürmt käme. Ich hatte absolut nichts dagegen einzuwenden, denn so konnte man wenigstens am nächsten Morgen ausgeschlafen die Reise nach *Thailand* noch einmal angehen. Der Flieger war leer, ich hatte dank meiner Adleraugen auch sofort eine leere Vierer-Reihe erspäht und in Besitz genommen, und so kam ich ausgeruht in *Kuala Lumpur* an, wo wir zwischenlandeten, und wo wir leider sechs Stunden Aufenthalt hatten. Doch da wir immer noch im Dreierpack vorhanden waren, verging die Zeit relativ schnell. Schade, dass wir dann alle in eine andere Richtung mussten, Susanne nach Vietnam, Stephan nach Bali und ich, ja ... zu meiner Trauminsel. In *Phuket* kam ich einigermaßen fit an, und so machte ich den ziemlich irrsinnigen Gedanken, zu dem dreihundert Kilometer entfernten *Ranong* mit dem Taxi weiterzufahren, wahr. Es kostete mich 4000 Baht, ca. 100 Euro. Mein Taxifahrer hielt mich mit seinem Lachen wach, er war ein Schatz und plapperte auf mich ein, weil meine dahin geworfenen Thaibrocken ihn animierten und er der Meinung war, ich wäre der Thaisprache mächtig. So verging die Zeit wie im Fluge. Wir erreichten genau vier Stunden später *Ranong*. Was für ein Tag, was für eine Reise!!!!!!

In *Ranong* erwartete mich ein kleines entzückendes Resort für 650 Baht, ich hatte es bereits in Deutschland reserviert, gelegen an den heißen Quellen. Ein Fluss floss direkt durch die Anlage. Die Besitzerin, eine sehr nette junge Frau, nahm mich sehr herzlich in Empfang und gab mir, für mich nach so langer Reise, das schönste Zimmer, etwas französisch angehaucht, und wo ich mich gleich wohlfühlen konnte. Ich blieb zwei Nächte und bin dann mit Rolf, Heidis Lebensgefährte, mit einem Longtailboot auf die Insel *Koh Chang* gefahren. Das dauerte zweieinhalb Stunden bis wir im *Sawasdee Resort* ankamen, das am Ende der Insel in einer kleinen Bucht lag.

Endlich, ich bin angekommen ... "IM PARADIES", - so hatte man mir es zumindest beschrieben. Doch ich hatte erst einmal zu viel zu mäkeln, um die Schönheit der kleinen, ursprünglichen Insel zu sehen:

Mein Bett war wie Beton, mit dem Kopfkissen konnte man jemanden erschlagen, die Hütte dunkel, keine Fensterscheiben, nur Luken, die ich als alter Angsthase natürlich nachts geschlossen hielt. Es war stickig, teilweise stank es nach Gully, und die Geräusche um mich herum sorgten auch nicht gerade für einen erquickenden Schlaf. Als ich dann noch hörte, dass ein Jahr zuvor ein drei Meter langer, fetter Python auf dem Dach der Hütte genächtigt hatte, war an Schlaf überhaupt nicht mehr zu denken. Dazu kam, dass wir nur von 18 bis 22 Uhr Strom hatten, d.h. eine schwache Glühbirne an der Decke des Wellblechdaches, aber keine Steckdose, in die man eine andere Lampe hätte stecken können, und eiskaltes Wasser, wir hatten zu Beginn morgens nur 22 Grad Celsius. Ich dachte mit Wehmut an den im vorherigen Jahr genossenen Luxus.

Meine Gedanken und Wünsche fanden keine Richtung, bis Ina mich zu mir kommen ließ, ich hatte eine Entscheidung zu fällen: Wollte ich hier länger verweilen, musste ich etwas ändern und mir eine positive Einstellung zulegen unter dem Motto „Surviving" oder meine Koffer packen und das Feld feige räumen, d.h. kapitulieren vor dem vor mir liegenden Härtetest. Nein, nein, nein, so sollte mein Urlaub nicht enden. Das Bett wurde weicher gestaltet durch Decken, Auflagen etc. und die Luken blieben nachts offen, wer sollte mich schon klauen, ein bisschen Parfum aufs Kopfkissen, na, so müsste es gehen …

Nun war ich wirklich „IM PARADIES" angekommen. Die schöne Anlage - reif für „Schöner Wohnen - bestand aus einem Restaurant, gelegen unter wunderschönen riesigen Bäumen, zwei Tempelchen, unter denen man auf gemütlichen Kissen seinen Tagträumen nachhängen konnte und elf weit auseinanderliegenden Hütten, dass meine die kleinste und spartanischte ist, hatte ich registriert und mich sofort um eine bessere beworben, was mir auch in Aussicht gestellt wurde. Vor mir lag eine große runde Bucht und über dem Berg, fünf Minuten zu Fuß – übrigens man geht immer zu Fuß, da es keine Straßen und damit keine Autos gibt – eine noch schönere, die zum Schwimmen einlud.

Ja, nun fragte man sich, wo aber bleibt die Abwechslung, die den Tag bezwingen soll. Es war eintönig, zumal die Leute, die Heidi avisiert hatte, ausblieben. Die Insel wurde frequentiert von hauptsächlich jungen und meist tätowierten Leuten. Meine Nachbarn hatten auch von oben bis unten Tattoos, was aber ihrer Liebenswürdigkeit keinen Abbruch tat, und ich mir keine besseren wünschen konnte. So blieb mir nur Rolf, Heidis Lebensgefährte, mit dem ich hin und wieder einen Sundowner in der Nachbaranlage zu trinken pflegte. Der Blick von da über die Bucht war atemberaubend. Manchmal aber trank er zu viel, und da konnte es schon passieren, dass er dann morgens sein Gebiss suchen musste. Diesmal hatte er es in einem fremden Bungalow deponiert, und er hatte Glück, dass es nicht weggeschmissen wurde. Seither verschloss ich meine Tür. Das schadete ihm gar nichts, hatte er mich doch bei einem Spaziergang zu einem kleinen Tante-Emma-Laden auf dem Rückweg mitten im Urwald stehen lassen. Ich konnte zurück nicht durchs Wasser waten, – was er wollte - da ich mich ja am Fuß verletzt hatte.

Eines Tages kam ich von der Nachbarbucht zurück, wo wir ein Weißkopf-Seeadlerpärchen beobachten konnten. Es gab nur noch ganz wenige davon. Es flog direkt über unsere Köpfe hinweg. Auch konnten wir auf dem Felsen einige Seehunde erspähen, kaum zu glauben., aber so wurde uns berichtet.

Die Insel beherbergte außergewöhnliche Tiere, z.B. den Hornbill, der in großer Anzahl morgens auf einem bestimmten Baum hockt und fürchterlichen Radau macht. Ganz zu schweigen von den Affen, die haufenweise auf der Insel zu finden waren. Naja, Schlangen gehören in Thailand zum alltäglichen Leben. Beinahe wäre ich auf eine zwei Meter lange graue Schlange getreten. Die hatte mich sehr an die Tauchgänge in Australien am Barriere Riff erinnert. Diese Art von Schlange hatte ich noch nie an Land gesehen; und ich hatte schon viele Schlangenbegegnungen, nicht nur im Kochtopf, das kann man mir glauben. Gott sei Dank keine Schlange in der Hütte, stattdessen hatte ich eine handtellergroße Spinne im Bad. Ich versuchte sie mit einem Wasserstrahl zu verjagen, sie tauchte jedoch immer wieder an anderer Stelle auf, und so beschloss ich, sie zu akzeptieren und meine Hütte mit ihr zu teilen. Ich nannte sie Leo. Doch bald schon wäre ich auf sie getreten, sie hatte es sich in meinen Latschen bequem gemacht. Das ließ ich noch durchgehen, doch als ich sie dann in meinem Bett entdeckte, da musste sie sterben, noch bevor ich überhaupt dazu kam, sie bei ihrem Namen zu rufen, leider(!) - So, da wären noch Brigitte und Helmut zu erwähnen, die immer für eine Abwechslung gut waren.

Nach ein paar Tagen konnte ich endlich für sechs Tage in einen etwas größeren Bungalow ziehen, deren Matratze das reinste Trampolin war. Sie war so weich, und man konnte jede Feder spüren, die fürchterlich in den Körper stachen. Ei, ei, ei, was würde wohl noch so auf mich zu kommen?

Da ich wieder zurück in meine alte Behausung musste und mir die Möglichkeit für später in einen größeren zu ziehen, endgültig genommen wurde, nahm mein Wunsch, nur weg von hier, ungeahnte Formen an. Und so entschied ich mich ganz spontan für eine schnellste Beendigung meines mit so viel Elan begonnenen Härtetestes und beendete den Aufenthalt auf der so angepriesenen „Trauminsel". Fast zwei Monate waren ja auch eine ganz schön lange Zeit, um sich zu beweisen. Damit beschloss ich die Abreise für den übernächsten Tag, auch wenn ich Heidi und Karin um einen Tag verpassen würde. Dafür genoss ich die letzten acht Tage in dem entzückenden kleinen Resort in *Hotsprings*. Es war herrlich, wieder in einem sauberen „weißen Bett" zu schlafen, auf der Insel gab es nur alle acht Tage neue Bettwäsche und ein Handtuch nur dann, wenn es schon stand. Es tat auch gut, die Freundlichkeit der Menschen zu empfangen, und es tat gut, wieder etwas zum Anfassen zu haben. *Ranong* ist eine kleine Hafenstadt am *Isthmus von Kra*. Von hier starten die

Fischerboote, die mit ihren riesigen Schleppnetzen auf Fang gehen.

Die Stadt war eigentlich nicht schön zu nennen, das galt für fast alle thailändischen Städte, aber sie war eingebettet zwischen dem Meer und der Dichte des Dschungels, der heißen Quellen und rauschenden Wasserfälle beherbergt. Die Stadt, ein Gewirr von Geschäften und Reklamen, vielen Autos und Menschen. Man musste immer damit rechnen anzustoßen oder in tiefe Löcher der unfertigen Bürgersteige zu fallen, oder sich an herausragenden Stangen aufzuspießen, und das alles bei sengender Hitze. Das Beste ist, so eine Touristin: *"Don't move!"*

In *Ranong* gibt es ein pfiffiges Reisebüro, das mir die Umbuchung - Rückflug einen Monat früher - ermöglicht hat, obwohl alles ausgebucht war, acht Tage musste ich warten. Man kann sich nicht vorstellen, unter welchen Umständen da effektiv gearbeitet wurde, bewundernswert. Es ist heiß und stickig, nicht nur das Telefon klingelt ständig, nein es ist ja auch noch gleichzeitig ein Tourie-Treff mit Restaurationsbetrieb. Ich war happy, mein Ticket endlich in der Hand und das Thema *„Na, da wollen wir mal ins Paradies"* zu einem guten Abschluss gebracht zu haben.

Was früher einmal den Hauch von Abenteuer umwehte, ist heute nur noch ein lästiges Gefühl, ICH brauche halt ein wenig Luxus!!! Am 22. Januar 2013 ging es heim und mir wurde bewusst, wie schön ich es doch in Koblenz habe. Ich werde es genießen, ob kalt und grau oder warm und sonnig; es ist mein zu Hause, und eigentlich schöner kann es nirgends sein.

ICH MACH´ WAS DRAUS ...
VERSPROCHEN ... !!!!!!!

Danksagung

Ganz besonderer Dank gebührt meiner Freundin und Lektorin, Eva Pant, die mich zu diesem Buch animiert hat.

Ohne sie wären meine losen Blattsammlungen mit meinen Geschichten sicher irgendwann einmal verloren gegangen.